わざわざことわざ

ことわざ事典《じてん》

いきものの巻《まき》 1

いぬもあるけば棒《ぼう》にもあたるっしょ!!
サッ

国松俊英・文
たかいよしかず・絵

童心社

わざわざことわざ ことわざ事典《じてん》 【いきもの】の巻《まき》

犬《いぬ》も歩《ある》けば棒《ぼう》にあたる

じっとしてる ほうがいい？

これは、とてもよく知《し》られていることわざだ。「いろはカルタ」には、いちばんさいしょにでてくる。

イヌは、家《いえ》でおとなしくしていればいいのに、ふらふら歩《ある》きまわっていて、棒《ぼう》でなぐられいたい思《おも》いをすることがある。人間《にんげん》も、じっとしていればなにもおきないのに、なにかやりはじめるから、災《わざわ》いがおきる。もとは、こんな意《い》味《み》だった。ところが、いまでは「じっとしてないで、なにかやりはじめれば、幸運《こううん》にめぐりあうこともある」という意《い》味《み》に使《つか》われるようになった。

むかしは、イヌをくさりにつないでおく習慣《しゅうかん》がなかったらしい。イヌが外《そと》を歩《ある》いていると、いじのわるい人《ひと》に、棒《ぼう》でぶたれることがあった。そこから、こんなことわざがうまれた。

においで なんでもわかる

野生《やせい》のいきものは、とても気《き》ままに、自由《じゆう》に生活《せいかつ》しているように見《み》える。でも、よく観察《かんさつ》をすると、その行動《こうどう》は、いきあたりばったりのものではない。その動物《どうぶつ》なりの、きまった形《かたち》があって行動《こうどう》している。たとえば、えさをさがす場所《ばしょ》、とおる道《みち》すじ、休《やす》む場《ば》所《しょ》など、ちゃんときまっているんだ。

人間《にんげん》に飼《か》われているイヌにも、そんな生活《せいかつ》のしかたが残《のこ》っている。このことわざを見《み》ると、イヌがふらふらと動《うご》きまわっているような感《かん》じがする。けれど、どんなイヌでも生活《せいかつ》のきまった形《かたち》があってその中《なか》で動《うご》いているんだ。

イヌの散歩《さんぽ》をしていると、たえず道《みち》ばたのにおいをかいでいく。電柱《でんちゅう》や家《いえ》のへいなどに、ほかのイヌがつけたサインを、かぎとっているんだ。どんなイヌが、いつ、どこからきて、どこへいったか、においでみんなわかってしまう。イヌは、酢酸《さくさん》を一千万分《せんまんぶん》の一にうすめても、ちゃんとかぎわけるんだ。

そのいい鼻《はな》をいかして、猟《りょう》犬《けん》や警察犬《けいさつけん》がつくられた。空《くう》港《こう》にいけば、麻薬犬《まやくけん》もいるね。スーツケースや荷物《にもつ》の中《なか》にかくして密輸《みつゆ》される麻薬《まやく》を、するどい鼻《はな》でかぎだして見《み》つける。麻薬犬《まやくけん》は、ボストンバッグの二重底《にじゅうぞこ》にかくした麻薬《まやく》だって発見《はっけん》してしまうんだよ。たいしたものだね。

げっやばい
ブルッチの
においだ
クン
クン

井《い》の中《なか》の蛙《かわず》大海《たいかい》を知《し》らず

「井《い》」は池《いけ》のこと

よく使《つか》われることわざだ。せまいところでうまれ育《そだ》ったカエルは、広《ひろ》い海《うみ》があることを知《し》らない。カエルはせまい場所《ばしょ》だけが、世界《せかい》のすべてだと思《おも》っている。自分《じぶん》の身《み》のまわりしか知《し》らない人間《にんげん》は、考《かんが》えもせまくて、ひろい世界《せかい》のことはなにもわからない。つまり、世間知《せけんし》らずの人《ひと》のことをこういうんだね。古《ふる》い中国《ちゅうごく》の思想家《しそうか》、荘子《そうし》が書《か》いた本《ほん》に、このことがでている。それが日本《にほん》に伝《つた》わって、こんなことわざになった。

しらべると「井《い》」は、井戸《いど》のことではなく「田井《たい》」のことで、田井《たい》というのは田《た》に引《ひ》く水《みず》をためた池《いけ》のこととわかった。たしかに、のみ水《みず》をくむ井戸《いど》にカエルがすむというのは、ちょっとおかしい。小《ちい》さな池《いけ》にいるカエルは、大《おお》きな海《うみ》を知《し》らない。こう考《かんが》える方《ほう》がずっと自然《しぜん》だ。

ヘビがカエルをのみこむわけ

ヘビはカエルをつかまえて、のみこんでしまう。どうしてカエルはヘビに食《た》べられてしまうのだろう。そのわけを伝《つた》えてくれるむかし話《ばなし》があった。

――むかし、阿波《あわ》の国《くに》に世《せ》界中《かいじゅう》のいきものを世話《せわ》する神《かみ》様《さま》がいた。まだ、いきものを造《つく》ったばかりで、どれがなにを食《た》べていくか、きまっていなかった。みんな腹《はら》ぺこで、神様《かみさま》のところにいって「はやく食《た》べものをきめてください」とたのんだ。すると、「あすの朝《あさ》みんな集《あつ》まるように」というおふれがでた。いきものたちは、夜明《よあ》けをまちかね、神様《かみさま》のもとにでかけた。

ヘビは、とてもお腹《なか》がすいていて、のろのろと地面《じめん》をはっていった。うしろからカエルがわらった。「おれのうしろからきて、尻《しり》でもなめたらいいだろう」そして、さっさといってしまった。

みんなが集《あつ》まり、神様《かみさま》はそれぞれの食《た》べものをきめた。カエルには、「おまえは虫《むし》を食《た》べなさい」といい、こうつけくわえた。

「おまえはここへくるとちゅうに、ヘビをからかって、尻《しり》でもなめてみろといったね。これからヘビは、カエルの尻《しり》をなめてよろしい」

だから、ヘビは、カエルを見《み》つけると、お尻《しり》からのみこんでしまうのだ。

烏《う》合《ごう》の衆《しゅう》

まとまりなくて だらしない

　カラスのむれは、きちんとそろって集《あつ》まったり、飛《と》んだりしない。いつも、だらしなくさわいでいるだけだ。そのカラスのように、まとまりなく集《あつ》まって、ただざわいでいる人《ひと》たちのことを「烏《う》合《ごう》の衆《しゅう》」という。「烏《う》」はカラスのこと、「衆《しゅう》」は、たくさん集《あつ》まった人《ひと》たちのことだよ。

　このことばは、古《ふる》い中国《ちゅうごく》の書物《しょもつ》からきた。

　——ある時《とき》、耿弇《こうえん》という将《しょう》軍《ぐん》が戦争《せんそう》をしていた。兵《へい》をひきいて進《すす》んでいくと、敵《てき》が近《ちか》づいてきているのがわかった。しらべてみると、敵《てき》の軍《ぐん》はとても人数《にんずう》が多《おお》く、勢《いきお》いもさかんだ。味方《みかた》の兵《へい》たちは、こわがった。

「戦《たたか》って負《ま》けるより、すぐに使者《ししゃ》をおくり、むこうの軍《ぐん》にしたがいましょう」

　こういう部将《ぶしょう》もいた。でも、自分《じぶん》の目《め》で敵《てき》の軍《ぐん》を見《み》た耿弇《こうえん》はいった。

「敵《てき》は、烏合《うごう》の衆《しゅう》だ。だいじょうぶ、わが軍《ぐん》はきっと勝《か》てるよ」

　戦《たたか》いがはじまると、敵《てき》の軍《ぐん》はまとまりがなく、だらしなくて、すぐににげだした。耿弇《こうえん》の軍《ぐん》は、みごとな勝利《しょうり》をおさめた。

　ここから「烏合《うごう》の衆《しゅう》」ということばができた。でも、カラスのむれは、ほんとうにまとまりがなくて、だらしない集《あつ》まりなのだろうか。

カラスは本当《ほんとう》にだらしないの？

　カラスは、いつも集《あつ》まって生活《せいかつ》している鳥《とり》だ。ヒナを育《そだ》てる時期《じき》だけは夫婦《ふうふ》でいるけれど、ほかの季節《きせつ》はいつも集《あつ》まってくらす。とくに、冬《ふゆ》になると大集合《だいしゅうごう》をして、ねぐらの森《もり》には数千羽《すうせんわ》も集《あつ》まる。

　東京《とうきょう》の都心《としん》にも、たくさんのカラスがすんでいて、その数《かず》は、約《やく》一万《まん》八千羽《せんわ》にもなる。明治神宮《めいじじんぐう》や大《おお》きな公園《こうえん》の森《もり》をねぐらにしている。

　カラスが、ねぐらに多《おお》く集《あつ》まってねむるのは、危険《きけん》なことをだれかがすぐに知《し》らせてくれて安全《あんぜん》だからだ。もし敵《てき》がきても、みんなで守《まも》ることができるし、えさの場所《ばしょ》やあそび場所《ばしょ》など、情報《じょうほう》の交《こう》かんもできる。友《とも》だちや恋人《こいびと》も見《み》つかる。ねぐらに集《あつ》まったカラスが、大《おお》げんかしたとか、なかまわれしてねぐらがだめになったなんて、きいたことがないよ。

駅前《えきまえ》のおでんやのタマゴがうまいぞ
そいつはいいこと聞いた
なんの情報《じょうほう》？

牛《うし》の歩《あゆ》みも千《せん》里《り》

かんたんに あきらめるな

歩《ある》くのがおそいウシでも、ずっと歩《ある》きつづければ、千里《せんり》の遠《とお》くまでいくことができる。だから、人間《にんげん》もなまけずに努《ど》力《りょく》をつづけていれば、かならず成果《せいか》があがる、という意味《いみ》のことわざだ。一里《り》は、約《やく》四キロメートルだから、千里《せんり》は、約《やく》四〇〇〇キロということになるね。

ウシの歩《あゆ》みは、たしかにのろのろとおそい。けれど、ウシを見《み》ていると、とてもがまん強《づよ》そうで、かんたんにはあきらめそうにないたくましさを感《かん》じる。むかしの人《ひと》もおなじように思《おも》って、なまけようとする人間《にんげん》のために、こんなことわざをうみだしたんだ。

十二支《し》の話《はなし》

むかしは、年《とし》や時刻《じこく》、方角《ほうがく》をあらわすのに、十二種類《しゅるい》の動物《どうぶつ》のよび名《な》を使《つか》った。ネズミ・ウシ・トラ・ウサギ・タツ……といった順《じゅん》だ。これを「十二支《し》」という。ウシが二番目《ばんめ》にはいったわけを、むかし話《ばなし》が語《かた》っている。

――むかし、おしゃか様《さま》が動物《どうぶつ》たちに、こんなことをいわれた。「あした、一番先《ばんさき》にわたしのところについたものを、年《とし》の先頭《せんとう》にします」

ネコは、ネズミが声《こえ》をかけると約束《やくそく》したので、ネズミがさそいにくるのを待《ま》っていた。ウシは、足《あし》がおそいので、まだ暗《くら》いうちに荷物《にもつ》をせおって歩《ある》きはじめた。ずるいネズミは、出発《しゅっぱつ》するウシを見《み》て、さっとそのせなかにとびのった。そして、荷物《にもつ》の中《なか》にもぐりこんだ。トラは足《あし》が速《はや》いので、ぎりぎりまでねていて、それからビューンと走《はし》っていった。

トラが一番《ばん》乗《の》りだと思《おも》って見《み》ると、先《さき》にウシがついていた。ウシが「一番《ばん》です」というと、せなかからネズミがとびおりて、おしゃか様《さま》の前《まえ》に走《はし》っていった。陽《ひ》がのぼって、おしゃか様《さま》は十二ひきの動物《どうぶつ》をきめ、十二支《し》をつくった。ネズミ・ウシ・トラ・ウサギ・タツ・ヘビ・ウマ・ヒツジ・サル・ニワトリ・イヌ・イノシシの順《じゅん》となった。

ネコは、ネズミがちっともこないので、出発《しゅっぱつ》せずに待《ま》っていたら遅《おく》れてしまった。それで、十二支《し》にはいれなかった。ネコは、この時《とき》のことをいまでもうらみに思《おも》っている。だから、ネズミを見《み》つけると、追《お》いかけまわすのだ。

鵜《う》の目《め》鷹《たか》の目《め》

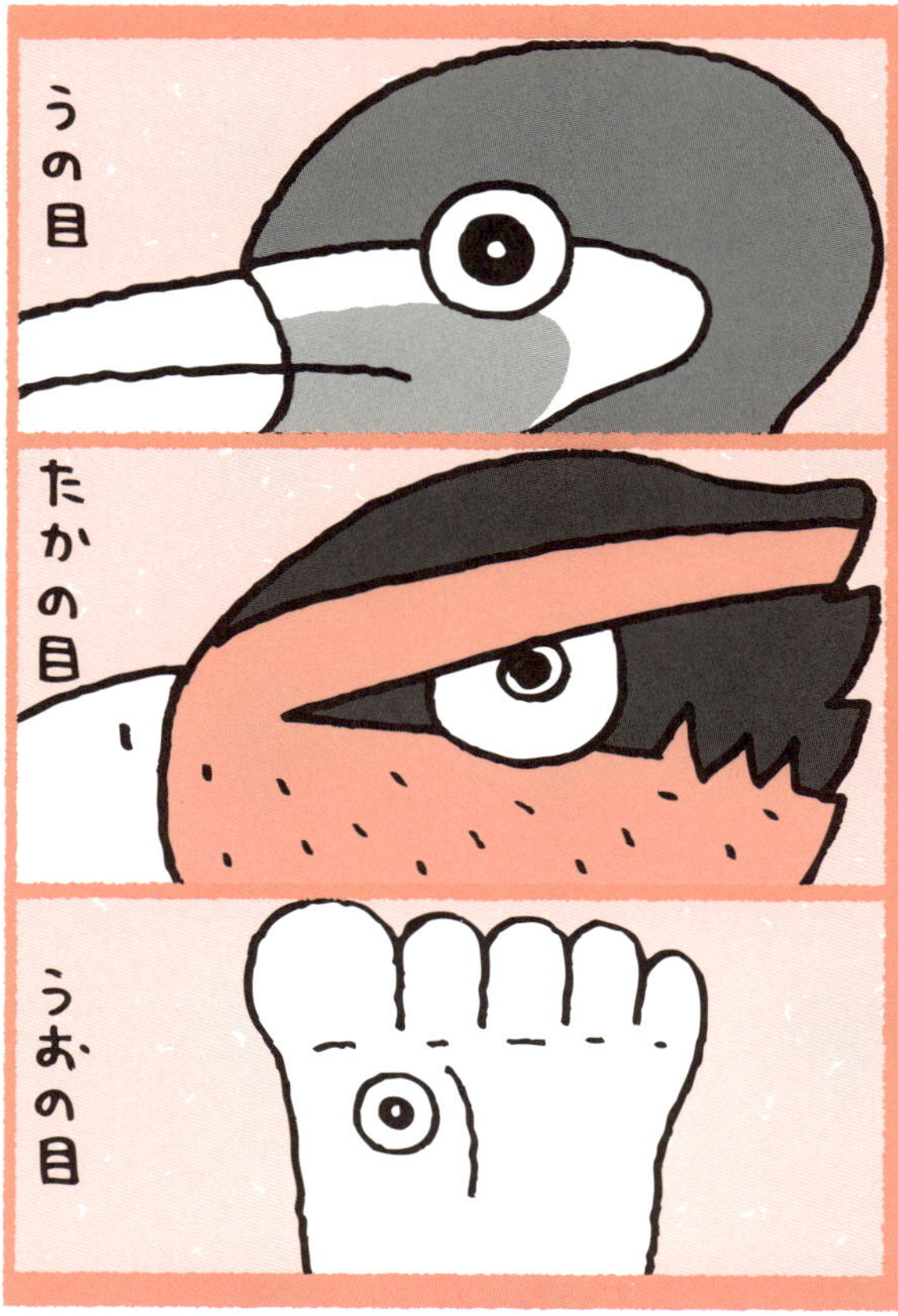

いっしょうけんめいさがす

ウは水中《すいちゅう》で魚《さかな》をさがし、タカは飛《と》びながら動物《どうぶつ》をねらう。鳥《とり》がえものをねらう時《とき》の目《め》つきは、とてもするどくてかがやいている。そこから、人《ひと》がものを熱心《ねっしん》にさがす時《とき》の目《め》つき、けん命《めい》にさがすようすを「鵜《う》の目《め》鷹《たか》の目《め》」といった。

海岸《かいがん》のうめたて地《ち》や川原《かわら》で、チョウゲンボウという鳥《とり》を観《かん》察《さつ》したことがある。タカのなかまで、ハトくらいの大《おお》きさがあり、尾《お》が長《なが》い鳥《とり》だ。

チョウゲンボウは、ゆっくりと空《そら》を飛《と》びながら、えものをさがす。えものを見《み》つけると、空中《くうちゅう》の一点《てん》でとまってはばたきをはじめる。

そして、ねらいをさだめると、地面《じめん》に急降下《きゅうこうか》していきネズミをとらえる。高《たか》い空《そら》を飛《と》びながら、地面《じめん》で動《うご》く小《ちい》さなえものを見《み》つけるのだから、ほんとうにすごいものだ。

タカの目《め》の網膜《もうまく》の一番敏感《ばんびんかん》な場所《ばしょ》には、一五〇万個《まんこ》の視《し》細胞《さいぼう》がある。それで遠《とお》くの小《ちい》さなものでも、はっきりと見《み》ることができる。人間《にんげん》の視細《しさい》胞《ぼう》は、二〇万個《まんこ》しかない。タカは、人間《にんげん》の七・五倍《ばい》の視《し》力《りょく》をもっているというわけだ。だから、どんな小《ちい》さなえものだって、見《み》のがさない。また、すばやく焦点《しょうてん》をあわせることもできる。それで、近《ちか》くも遠《とお》くも、はっきりと見《み》ることができるのだ。

またがさけたクマタカ

日本《にほん》の山《やま》にすむクマタカのおもしろいむかし話《ばなし》がある。

――むかし、ミソサザイは飛《と》びまわっているうちに、イノシシの耳《みみ》の中《なか》にはいってしまった。おどろいたイノシシは、めちゃくちゃに走《はし》りまわり、岩《いわ》に頭《あたま》をぶつけて死《し》んだ。死《し》んだイノシシの耳《みみ》の中《なか》から、ミソサザイが飛《と》びだした。

動物《どうぶつ》たちが感心《かんしん》していると、クマタカが、「おれなら二頭《とう》のイノシシを、一度《ど》にとらえてみせる」といった。

クマタカは、空《そら》から二頭《とう》のイノシシを見《み》つけた。飛《と》びおりて襲《おそ》いかかり、右足《みぎあし》と左足《ひだりあし》で一頭《とう》ずつつかまえた。とくいになっていると、するどいつめでつかまれたイノシシは、びっくりしてきゅうに走《はし》りだした。二頭《とう》のイノシシは、右《みぎ》と左《ひだり》に分《わ》かれた。そして猛《もう》スピードで走《はし》ったので、クマタカのまたはさけてしまった。

ことわざ シルエットクイズ

この、ことわざはなーんだ？

ヒント
シルエットをよーく見《み》てね。

みんなの知《し》ってるいきものだよ。あててみて！

の面《つら》に水《みず》

ケロケロケロッ

意味《いみ》
カエルは、顔《かお》に水《みず》をかけられても平気《へいき》だ。どんなにひどいことをいわれたり、されたりしても平気《へいき》でいるようす。

答《こた》え 蛙《かえる》

の仲《なか》

どんな仲なんだろー

意味《いみ》
イヌとサルの仲《なか》が悪《わる》いといわれるように、とても仲《なか》が悪《わる》いことをたとえていう。

答《こた》え 犬猿《けんえん》

の耳《みみ》に念仏《ねんぶつ》

ナムアミダブツ

意味《いみ》
ウマに念仏《ねんぶつ》を聞《き》かせても通《つう》じないように、なにをいってもうわの空《そら》で、ちゃんと聞《き》いていないこと。

答《こた》え 馬《うま》

ことわざコラム

ことわざってなあに？

お父《とう》さんやお母《かあ》さん、大人《おとな》たちの話《はなし》にはよく「ことわざ」がでてくる。学《がっ》校《こう》の授業《じゅぎょう》でも、ときどきことわざがとりあげられる。生活《せいかつ》の中《なか》によくでてくる「ことわざ」って、いったいなんだろう。

ことわざは、どれも古《ふる》い時代《じだい》にうまれたものだ。昭和《しょうわ》や大正《たいしょう》ではなく、もっともっと古《ふる》い時代《じだい》、平安時代《へいあんじだい》とか、鎌倉時代《かまくらじだい》、江戸時代《えどじだい》など、ずっとむかしにうまれたものだ。わたしたちの、おじいさんのひいおじいさん、そのまたひいおじいさんが生活《せいかつ》していたころにうまれて使《つか》われた。考《かんが》えると気《き》が遠《とお》くなってしまう。

そのように、ことわざは、２００年《ねん》、３００年《ねん》も前《まえ》の人《ひと》たちの生活《せいかつ》や、仕《し》事《ごと》、つきあいの中《なか》から自然《しぜん》にうまれて、みがかれてきた。ことわざには、わたしたちに教《おし》えさとすこと、忠告《ちゅうこく》すること、からかうこと、はげますことなど、いろんな意味《いみ》がこめられている。

教《おし》えさとすといっても、えらい人《ひと》がもったいぶっていったことではなく、ふつうの人《ひと》びとがくらしの中《なか》から得《え》たものだ。だから、祖先《そせん》の人《ひと》びとの知恵《ちえ》がたくさんはいっていて、人間《にんげん》の社会《しゃかい》や人生《じんせい》の真実《しんじつ》をするどくいいあてている。それですなおに聞《き》けるし、なるほどとうなずけるのだ。

ことわざは「ことばの技《わざ》」といえる。生活《せいかつ》のさまざまな場《ば》からうまれ、使《つか》われて、みがかれてきたことばの技《わざ》だ。ふつうには、もっと長《なが》いことば、長《なが》い文章《ぶんしょう》でいわなければ伝《つた》わらないことを、みじかくスパッといっている。

ことわざをいくつか読《よ》んでいくと、むかしの人《ひと》びとの生活《せいかつ》のようすや、気《き》持《も》ちがくっきりうかんでくる。そして、彼《かれ》らも、わたしたちとおなじようなことで悩《なや》んだり、こまっていたんだと気《き》づくのだ。そして、むかしの人《ひと》びとが、遠《とお》いむかしではなく、すぐ前《まえ》にいきていたように親《した》しみをおぼえる。

飼《か》い犬《いぬ》に手《て》をかまれる

かみつかれてびっくり

イヌを飼《か》っている人《ひと》は多《おお》い。かわいがっているイヌが、突《とつ》然《ぜん》手《て》や足《あし》にガブリとかみついたら、びっくりするよね。

人間《にんげん》でも、いつもかわいがってめんどうを見《み》ている者《もの》から、ひどいことをいわれたり、被害《ひがい》をうけたりすることがある。このことわざはそういう意味《いみ》だ。

イヌは、飼《か》われている家族《かぞく》のことを、とてもよく観察《かんさつ》している。この家《いえ》では、だれがいちばんえらくて、つぎはだれか、三番目《ばんめ》はだれか……ちゃーんと家族《かぞく》のようすを観察《かんさつ》して、順位《じゅんい》づけをしているんだ。

　そしてイヌは、家族《かぞく》から指《さし》図《ず》をうけても、おなじようにはしたがわない。順位《じゅんい》がいちばんの人《ひと》からしたがうんだ。二番以下《ばんいか》の人《ひと》が命令《めいれい》しても、なかなかしたがわない。

四千六百《せんぴゃく》キロを歩《ある》いてきた犬《いぬ》

　だいぶ前《まえ》の話《はなし》だけど、アメリカで飼《か》い主《ぬし》にはぐれて、おどろくような長《なが》い距離《きょり》を歩《ある》きつづけて帰《かえ》ってきたイヌがいた。二歳半《さいはん》のコリー犬《けん》。太平《たいへい》洋岸《ようがん》にあるオレゴン州《しゅう》シルバートン市《し》の、ブレジャーさんが飼《か》っていたボビーだ。

　一九四三年《ねん》の夏《なつ》。ブレジャーさん夫妻《ふさい》は、車《くるま》でニューヨーク方面《ほうめん》へ、ボビーをつれて旅行《りょこう》にでかけた。

　ミシガン湖《こ》の南《みなみ》、オルコットに着《つ》いたとき、ホテルの前《まえ》で、数頭《すうとう》のイヌがボビーにおそいかかった。大《おお》げんかになり、イヌたちは路地《ろじ》のむこうへ走《はし》っていった。もどってこないので、夫妻《ふさい》は必死《ひっし》でボビーをさがしたが、見《み》つからなかった。あきらめて、シルバートン市《し》へ帰《かえ》っていった。

　ところが六か月後《げつご》に、やせこけてふらふらになったボビーが、家《いえ》に帰《かえ》ってきた。ボビーのことが新聞《しんぶん》にのると、ボビーを何日《なんにち》か世話《せわ》したり、町《まち》で見《み》かけた人《ひと》が手紙《てがみ》をくれた。

　もらった手紙《てがみ》をしらべると、ボビーが歩《ある》いた道《みち》すじがわかってきた。なんと四千六百《せんぴゃく》キロも歩《ある》いていたのだ。ボビーは、だく流《りゅう》のミズーリ河《がわ》を泳《およ》いで渡《わた》ったり、ロッキー山《さん》脈《みゃく》でオオカミのわなにはさまれて、死《し》にそうになっていた。

　ボビーが歩《ある》いた距離《きょり》は、日《に》本列島《ほんれっとう》よりも長《なが》かったというから、ほんとに感心《かんしん》してしまうよ。

鴨《かも》がねぎをしょってくる

つごうがいいこと

カモなべをつくろうとした時《とき》、カモの肉《にく》だけでなく、ネギまで手《て》にはいった。すぐにおいしいなべがつくれるので、こんなにいいことはない。そこから、こちらにとってつごうがよく、利益《りえき》になるものがあらわれたことをいう。

むかしは冬《ふゆ》になると、カモの猟《りょう》がさかんだった。カモは、なべにして食《た》べるのがいちばんおいしかった。そこからうまれたことわざだ。

冬《ふゆ》の湖《みずうみ》や沼《ぬま》、川《かわ》にいけば、どこでもカモが見《み》られる。公《こう》園《えん》の池《いけ》にも、野生《やせい》のカモが渡《わた》ってくる。双眼鏡《そうがんきょう》や望遠鏡《ぼうえんきょう》で見《み》ると、いろんな種類《しゅるい》のカモがいて、羽《はね》の色《いろ》やもよう、くちばしの形《かたち》などがちがっているのに気《き》がつく。羽《はね》の色《いろ》やもようがきれいで目《め》だつのがオスで、地味《じみ》なのがメスだ。どうしてオスだけが目《め》だつのか？

カモは冬《ふゆ》のあいだに、結婚《けっこん》する相手《あいて》をきめる。メスが結《けっ》婚《こん》の相手《あいて》をきめる時《とき》に、ほかの種類《しゅるい》のカモをえらぶといけない。ひと目見《めみ》ればおなじ仲《なか》間《ま》とわかるように、オスは種《しゅ》類《るい》ごとにちがう、目《め》だつ羽《はね》の色《いろ》になった。

ラッキーな権兵衛《ごんべえ》さん

「カモとり権兵衛《ごんべえ》」という、おもしろいむかし話《ばなし》がある。

——むかし、権兵衛《ごんべえ》さんという鉄砲《てっぽう》うちがいた。池《いけ》にカモがくると聞《き》いて、鉄砲《てっぽう》をかついででかけた。池《いけ》には、カモが七羽《わ》もいた。権兵衛《ごんべえ》さんがうつと、玉《たま》は七羽《わ》ともうちぬいて、まだ先《さき》へ飛《と》んでいった。そして、むこう岸《ぎし》のイノシシにあたった。むこう岸《ぎし》へ走《はし》っていき、イノシシにとどめをさした。それから池《いけ》の中《なか》にはいって、しとめたカモをつかんで、池《いけ》からあがろうとしてすべった。岸《きし》の木《き》の株《かぶ》のようなものをつかむと、ウサギの耳《みみ》だった。すぐにウサギをつかまえた。岸《きし》にあがって、えものをしばるためのつるを見《み》つけた。つるをひっぱると、長《なが》い山《やま》イモだった。おしりがもぞもぞしてきたのでしらべると、ふんどしの中《なか》にドジョウがいっぱいはいっていた。

たった一発《ぱつ》の玉《たま》で、カモを七羽《わ》、ウサギと山《やま》イモ、イノシシにドジョウまでとれた。権兵衛《ごんべえ》さんは、ほくほくしながら家《いえ》に帰《かえ》っていった。

烏《からす》は神様《かみさま》のお使《つか》い

ふしぎな力《ちから》を もつ鳥《とり》

カラスは、人《ひと》が死《し》ぬことや火事《かじ》がおきるのを、前《まえ》もってわかるといわれた。三年先《ねんさき》におきるできごとだって、ちゃんと知《し》る鳥《とり》だとも思《おも》われていた。超能力《ちょうのうりょく》だね。カラスはふしぎな力《ちから》をもっているので、むかしの人《ひと》びとはとてもおそれ、うやまっていたんだ。それで、「カラスは神様《かみさま》のお使《つか》い」といった。

和歌山県《わかやまけん》にある熊野神社《くまのじんじゃ》、愛知県《あいちけん》の熱田神宮《あつたじんぐう》、広島県《ひろしまけん》の厳島神社《いつくしまじんじゃ》、滋賀県《しがけん》の多賀大社《たがたいしゃ》などの古《ふる》くて大《おお》きな神社《じんじゃ》では、みんなカラスを神様《かみさま》のお使《つか》いとして、大切《たいせつ》にしてきた。

神《かみ》にそなえた食《た》べものを、カラスにあたえたりするんだ。

熊野神社《くまのじんじゃ》のおふだには、カラス文字《もじ》が書《か》かれている。また厳島神社《いつくしまじんじゃ》では、願《ねが》いごとがあって神社《じんじゃ》にきた人《ひと》が、船《ふね》で島《しま》を一周《しゅう》して、カラスにおそなえを食《た》べてもらう神事《しんじ》をやるんだって。

うやまわれたり きらわれたり

神社《じんじゃ》だけでなくて、町《まち》や村《むら》でも、人《ひと》びとは、もちやだんご、米《こめ》なんかをおそなえして、カラスに食《た》べてもらった。ある地方《ちほう》では、一年《ねん》のはじめに、もちやだんごを棒《ぼう》の先《さき》につけて、カラスのために窓《まど》からだした。べつの地方《ちほう》では、豊作《ほうさく》を祈《いの》るため、台《だい》の上《うえ》にもちやだんごをおいて、カラスに食《た》べてもらった。

東北地方《とうほくちほう》の農村《のうそん》では、年《とし》のはじめ、田《た》んぼに白《しろ》い紙《かみ》をしき、そこに三種類《しゅるい》のちがった米《こめ》をおいた。そしてはなれたところから、「カラスこーい、カラスこーい」とよんだ。カラスがさいしょにつついた米《こめ》とおなじ種類《しゅるい》を、その年《とし》にまく稲《いね》にきめた。おなじような行事《ぎょうじ》は、日本《にほん》の各地《かくち》でおこなわれていたんだ。

一方《いっぽう》で、人《ひと》びとは「カラスが鳴《な》くと人《ひと》が死《し》ぬ」、「夜《よる》にカラスが鳴《な》くと火事《かじ》がおきる」、「カラスが屋根《やね》にとまるとその家《いえ》はくずれる」などといってきらった。黒《くろ》い体《からだ》の色《いろ》は喪《も》服《ふく》のようだし、鳴《な》き声《ごえ》もいやがられた。いまでも、カラスがすきだなんていう人《ひと》はあまりいない。多《おお》くの人《ひと》がきらっている。

神様《かみさま》のお使《つか》いといってうやまわれたり、不吉《ふきつ》な鳥《とり》だといってきらわれたり、カラスっておもしろい鳥《とり》だ。

雉《きじ》も鳴《な》かずば打《う》たれまい

じっとしていれば……

キジはやぶにじっとかくれて、鳴《な》かないでいたら、いることがわからない。鉄砲《てっぽう》でうたれることもない。ところが、高《たか》い声《こえ》で鳴《な》くと、かくれていることがわかり、ねらわれてしまう。だまっていたり、じっとしていればなにもなかった。それなのに、注意《ちゅうい》をひくようにしゃべったり、動《うご》いたりしたから、わざわいのもとになった、というたとえだ。「**物言《ものい》えば唇寒《くちびるさむ》し**」も、おなじ意味《いみ》のことわざだ。

キジのオスは、赤《あか》い顔《かお》、緑《みどり》色《いろ》の首《くび》と胸《むね》、きらきら光《ひか》る黒《くろ》いせなかが、とてもきれいだ。

平地《へいち》や山《やま》の明《あか》るい林《はやし》、草原《そうげん》、畑《はたけ》のまわりなどにすんでいる。ヒナを育《そだ》てる季節《きせつ》になると、オスは「ケーン　ケーン」とするどい声《こえ》で鳴《な》く。そして、つばさをはげしくふるわせて、「ドドドドド」と大《おお》きな羽音《はおと》をたてる。かくれるのがうまいのに、高《たか》い声《こえ》で鳴《な》いたり、羽音《はおと》をたてる。それで、人間《にんげん》に、いる場所《ばしょ》が見《み》つかってしまう。

和尚《おしょう》さんとキジの話《はなし》

キジの肉《にく》はとてもおいしいので、日本《にほん》では古《ふる》くから食《た》べられてきた。天皇《てんのう》や貴族《きぞく》、武《ぶ》士《し》たちは、このんでキジの肉《にく》を食《た》べた。鎌倉時代《かまくらじだい》の本《ほん》には、魚《さかな》はコイ、鳥《とり》はキジと書《か》いてある。

　むかし、寺《てら》のお坊《ぼう》さんは肉《にく》を食《た》べなかった。肉《にく》のかわりに、野菜《やさい》、とうふ、納豆《なっとう》などを食《た》べていた。でも、こっそり肉《にく》を食《た》べていたようで、キジとお坊《ぼう》さんの笑《わら》い話《ばなし》がある。

　――山寺《やまでら》の和尚《おしょう》が、キジをいけどりにした。キジの料理《りょうり》のしかたを知《し》らないので、いきたまま羽《はね》や毛《け》をむしっていた。そこへお客《きゃく》がたずねてきた。あわててキジを衣《ころも》でくるみ、押《お》しいれにかくした。和《お》尚《しょう》は、知《し》らん顔《かお》でお客《きゃく》と話《はな》していた。そこへ、毛《け》をむしられたキジが、衣《ころも》をかぶったまま、にょきにょきとでてきた。お客《きゃく》はびっくりして、これはなんですか？　ときいた。和《お》尚《しょう》はすましてこたえた。

「めずらしいことに、このキジは仏《ほとけ》さまの道《みち》を学《まな》びたいといって、寺《てら》にやってきたのでござる。それで髪《かみ》をおろして、衣《ころも》をきせたところじゃ」

　お客《きゃく》はおかしいのをこらえながら、帰《かえ》っていった。

このキジ衣きてる
テクテク

狐《きつね》につままれたよう

キツネは魔力《まりょく》をもっている？

人《ひと》がキツネに化《ば》かされて、きょとんとしていること。また、どうしてそうなったのか、原因《げんいん》もなりゆきもわからず、ぼんやりしていることをいう。

むかしから、キツネやタヌキは人《ひと》を化《ば》かすといわれた。「狐七化《きつねななば》け、狸《たぬき》は八化《やば》け」ということわざもあるくらいだ。キツネが七種類《しゅるい》のものに化《ば》けると、タヌキは八種類《しゅるい》も化《ば》けるというんだ。

キツネはとても頭《あたま》がよくて、すぐれた感覚《かんかく》をもっている動《どう》物《ぶつ》だ。動《うご》きもすばやい。鼻《はな》はいいし、人間《にんげん》には聞《き》けない二万《まん》ヘルツいじょうの高《たか》い音《おと》も聞《き》きとることができる。

狩《か》りをする時《とき》も、頭《あたま》をはたらかせる。ウサギをつかまえる時《とき》、わざとその前《まえ》にたおれて、くるしそうにもがく。ウサギがうっかり近《ちか》よっていくと、ふいに飛《と》びついてとらえてしまう。池《いけ》のカモをねらう時《とき》には、頭《あたま》の上《うえ》に草《くさ》をのせて、体《からだ》を水《みず》にしずめたまま近《ちか》づいていく。そうやって、そばまでいってから、飛《と》びかかったりするんだ。

むかしの人《ひと》びとは、こんな行動《こうどう》を見《み》ておどろいた。キツネはふしぎな魔力《まりょく》をもっている、おそろしい動物《どうぶつ》だと思《おも》った。そこから、キツネは人《ひと》を化《ば》かすと考《かんが》えるようになったんだ。

キツネの嫁入《よめい》り

「キツネの嫁入《よめい》り」の話《はなし》も、たくさんのこっているよ。

——江戸時代《えどじだい》の中《なか》ごろのことだ。江戸《えど》のある大《おお》きな屋敷《やしき》の近《ちか》くで、今夜《こんや》、その屋敷《やしき》に花嫁《はなよめ》がくるといううわさがつたわった。夕方《ゆうがた》になると、屋《や》敷《しき》には嫁入《よめい》り道具《どうぐ》がつぎつぎにはこびこまれた。人《ひと》もいそがしそうに、屋敷《やしき》をでたりはいったりしている。そして夜《よる》の九《ここの》つ（十二時《じ》）になって、たくさんのちょうちんをかかげた行列《ぎょうれつ》がやってきた。金《きん》のびょうをうった花嫁《はなよめ》のかごが、しずしずとその屋敷《やしき》の門《もん》をはいっていった。

ところが、つぎの日《ひ》になって、屋敷《やしき》の人《ひと》に聞《き》いてみると、屋敷《やしき》には花嫁《はなよめ》をむかえていないことがわかった。じつは、屋敷《やしき》の中《なか》の林《はやし》にすむキツネに嫁入《よめい》りがあったのだ。そして、キツネたちは、屋敷《やしき》の外《そと》の人《ひと》には嫁入《よめい》りが見《み》えても、中《なか》の人《ひと》にはけっして気《き》づかれないようにやったのだった。

きつねの
よめいりも
オシャレに
なったねー！

おうむ返《がえ》し

オウムが人《ひと》のことばをまねするように、人《ひと》からいわれたことばを、そっくりそのまま返答《へんとう》すること。

鵜《う》の真似《まね》をする烏《からす》

自分《じぶん》にその能力《のうりょく》がないのに、能力《のうりょく》がある人《ひと》のまねをすると失《しっ》敗《ぱい》することのたとえ。「鵜《う》」は水《みず》にもぐって魚《さかな》をとらえる鳥《とり》。

狸寝入《たぬきねい》り

つごうが悪《わる》いときに、眠《ねむ》ったふりをすること。タヌキはとてもおどろいたときに、仮死状態《かしじょうたい》になってしまうことから。

猫《ねこ》をかぶる

本当《ほんとう》の性質《せいしつ》をかくして、おとなしそうに見《み》せかけること。また、知《し》っていながら知《し》らないふりをすること。

窮《きゅう》鼠《そ》猫《ねこ》をかむ

ネズミだって必死《ひっし》になれば…

追《お》いつめられてにげ場《ば》がなくなったネズミは、必死《ひっし》になって、ネコにさえかみつくことがある。「窮鼠《きゅうそ》」は、追《お》いつめられたネズミのこと。このことわざは、どんな弱《よわ》い者《もの》でも、死《し》にものぐるいで強《つよ》い者《もの》にむかっていくと、すごい力《ちから》がでて、勝《か》つこともあるという意味《いみ》だ。

ネズミとネコをくらべると、ネコのほうが体《からだ》はうんと大《おお》きいし爪《つめ》もするどい。けんかしたら、小《ちい》さなネズミが負《ま》けるにきまっている。それが、ぎゃくにネズミがかみつくといったのが、このことわざのおもしろいところだ。

都会《とかい》でふえているネズミ

森《もり》や野原《のはら》など、自然《しぜん》の中《なか》にすむ野《の》ネズミには、カヤネズミ、ヒメネズミ、アカネズミがいる。家《いえ》ネズミは、人間《にんげん》の家《いえ》やそのまわりにすむネズミのことで、ドブネズミ、クマネズミ、ハツカネズミの三種《しゅ》だ。

むかしは、農村《のうそん》に多《おお》くいるのはクマネズミで、都会《とかい》にはドブネズミがいた。ところが、だいぶ前《まえ》からクマネズミが都《と》会《かい》にでてきて、どんどんふえている。

クマネズミは、もともとは東南《とうなん》アジアの森林《しんりん》地帯《ちたい》にすんでいた。あたたかくて、かわいた場所《ばしょ》がすきだ。人間《にんげん》のそばへくる前《まえ》は、木《き》の上《うえ》で走《はし》りまわっていたから、高《たか》い場所《ばしょ》へののぼりおりはとくいだ。手足《てあし》の肉球《にくきゅう》にすべりどめとなるヒダがあって、のぼる力《ちから》にすぐれている。だから、ビルの中《なか》の壁《かべ》や電線《でんせん》、パイプなどをのぼることなんか、朝《あさ》めし前《まえ》だ。

また、ビルの中《なか》は温度《おんど》がいつもおなじに保《たも》たれているから、冬《ふゆ》でも子《こ》どもを産《う》んで育《そだ》てることができるらしい。

都会《とかい》の大《おお》きなビルには、食《しょく》堂《どう》や飲食店《いんしょくてん》がある。だから、えさもたっぷりあるし、かくれ場所《ばしょ》もある。ふえるわけだ。

そして、殺鼠剤《さっそざい》（ネズミを殺《ころ》す薬《くすり》）を食《た》べても死《し》なないネズミ「スーパーラット」もふえている。それから注意《ちゅうい》したいのは、クマネズミが都会《とかい》のビルだけでなく住宅街《じゅうたくがい》にもあらわれて、そこでふえて被《ひ》害《がい》をだしていることだ。

スーパーラットがむかってきたら、大《おお》きなネコだってにげてしまうよ。

鯨《くじら》一《いっ》頭《とう》とれば七《なな》浦《うら》にぎわう

一頭《とう》で富《とみ》をもたらす

アフリカゾウの体《からだ》は大《おお》きいけど、クジラはそれいじょうだ。シロナガスクジラは、体重《たいじゅう》が八〇トン、体長《たいちょう》は三〇メートルで、今日《こんにち》まで地球上《ちきゅうじょう》で生活《せいかつ》してきた動物《どうぶつ》のうちで、いちばん大《おお》きい。その最大《さいだい》のものは、舌《した》が自動車《じどうしゃ》よりも大《おお》きいというからすごい。

「鯨《くじら》一頭《とう》とれば七浦《うら》にぎわう」は、むかし、日本《にほん》の各地《かくち》で、古《ふる》いやり方《かた》でクジラをとっていたころにうまれたことわざだ。クジラを一頭《とう》つかまえると、肉《にく》はどっさりとれるし、ひれ、皮《かわ》、内臓《ないぞう》、軟骨《なんこつ》までが食用《しょくよう》になった。そのほかに油《あぶら》もとれるし、きばは、器《うつわ》や入《い》れ歯《ば》の材料《ざいりょう》になった。クジラを一頭《とう》とれば、七つの漁《りょう》師町《しまち》の人《ひと》たちが、ゆたかにくらせるようになったんだ。

　クジラをとること（捕鯨《ほげい》）をさいしょにやったのは、アイヌの人《ひと》たちだ。小型《こがた》のクジラを弓《ゆみ》でいとめていた。その後《ご》、鋼鉄《こうてつ》のホコでついてとるやり方《かた》がおこなわれた。戦国《せんごく》時代《じだい》のおわりごろには、鉄《てつ》のモリをつかった捕鯨《ほげい》がはじまって、日本中《にほんじゅう》にひろまった。

むかしの捕鯨法《ほげいほう》

　江戸時代《えどじだい》のはじめには、和《わ》歌山県《かやまけん》の太地《たいじ》で、「網取《あみと》り法《ほう》」という独特《どくとく》の捕鯨《ほげい》がはじめられた。

　クジラを発見《はっけん》すると、なんそうもの舟《ふね》でとりかこむ。そして、網《あみ》をかぶせてクジラを動《うご》けないようにしてから、モリをつきさしてとどめをさす。

　このとり方《かた》は、土佐《とさ》、九州《きゅうしゅう》、房総《ぼうそう》へとひろがっていった。明治時代《めいじじだい》まで二〇〇年間《ねんかん》もつづけられて、多《おお》くのクジラをつかまえた。ことわざのとおり、捕鯨《ほげい》は大《おお》きな富《とみ》をもたらす仕事《しごと》で、浜《はま》はとてもにぎわったという。

　明治《めいじ》三〇年《ねん》ころから日本《にほん》では、「ノルウェー式捕鯨法《しきほげいほう》」に変《か》わっていった。汽船《きせん》の船首《せんしゅ》に捕鯨砲《ほげいほう》をすえて、そこからクジラにモリを発射《はっしゃ》してとらえる。このやり方《かた》だと、シロナガスクジラなど大《おお》きなクジラもつかまえられる。はじめは日本《にほん》の近《ちか》くの海《うみ》だったが、昭和《しょうわ》九年《ねん》から南極海《なんきょくかい》にもでていくようになった。

　いまはクジラを守《まも》るため、大型《おおがた》のクジラをとらえる商《しょう》業《ぎょう》捕鯨《ほげい》は禁止《きんし》されている。

これくらい
でかいのだ
なんじゃ もんじゃ

虎穴《こけつ》に入《はい》らずんば虎子《こじ》を得《え》ず

命《いのち》がけの危険《きけん》

トラの子《こ》をつかまえるには、危険《きけん》だとわかっていても、トラのすむ穴《あな》にはいっていかないといけない。

このように、命《いのち》がけの危険《きけん》をおかさなければ、どんな仕《し》事《ごと》もできない。危険《きけん》をこわがって安全《あんぜん》ばかり考《かんが》えていてはなにもできない、という意味《いみ》だ。「虎穴《こけつ》」は、トラのすむ穴《あな》で、「虎子《こじ》」はトラの子《こ》どものこと。

トラは、アジアだけにすんでいる動物《どうぶつ》だ。中国《ちゅうごく》、インド、イラン、インドネシアのスマトラやバリ島《とう》などにいる。子《こ》どもは、母親《ははおや》のトラが育《そだ》てる。

トラの子《こ》どもが一人前《にんまえ》になるまでには、一年半《ねんはん》から二年《ねん》くらいかかる。そのあいだ、母《はは》親《おや》はずっと子《こ》どものことにかかりっきりだ。

　そんな時《とき》に、敵《てき》があらわれると、母親《ははおや》はふだんよりおそろしくなって、敵《てき》におそいかかる。だから、「虎穴《こけつ》」にはいって「虎子《こじ》」をつかまえようとするのは、とても危険《きけん》だ。

人間《にんげん》に育《そだ》てられたトラ

　北海道《ほっかいどう》・釧路市動物園《くしろしどうぶつえん》に、アムールトラの夫婦《ふうふ》がいる。二〇〇八年《ねん》五月《がつ》、三頭《とう》の子《こ》どもがうまれた。ところが母親《ははおや》は、うまれた子《こ》どものめんどうを見《み》ようとしなかった。三頭《とう》は仮死状態《かしじょうたい》でうまれたので、飼育員《しいくいん》たちは、けんめいに手《て》あてをした。いちばん小《ちい》さかったオスは、まもなく死《し》んだ。のこった二頭《とう》、タイガとココアは、呼吸《こきゅう》はするようになったが、両手足《りょうてあし》がまがったままだった。

　手足《てあし》がまがったままだと、しっかり地面《じめん》に立《た》つことができない。大《おお》きくなっても、歩《ある》くのも走《はし》るのもむずかしいだろうと考《かんが》えられた。けれど、釧路市動物園《くしろしどうぶつえん》では全員《ぜんいん》が親《おや》がわりになって、二頭《とう》を育《そだ》ててきた。

　二〇〇九年《ねん》五月《がつ》、二頭《とう》は一歳《さい》のたんじょう日《び》をむかえた。ぶじに育《そだ》つか心配《しんぱい》されていた二頭《とう》だったが、とても大《おお》きく育《そだ》った。手足《てあし》が不自由《ふじゆう》なタイガも、曲《ま》がった手足《てあし》を使《つか》ってなんとか歩《ある》きまわれるようになった。二頭《とう》のいきる力《ちから》と元《げん》気《き》なようすは、たくさんの人《ひと》をひきつけてきた。

　二〇〇九年《ねん》八月《がつ》十五日《にち》、タイガは亡《な》くなった。のこったココアが、元気《げんき》におりの中《なか》を走《はし》りまわっている。

猿《さる》も木《き》から落《お》ちる

名人《めいじん》もたまに失敗《しっぱい》する

木《き》の上《うえ》で生活《せいかつ》している動物《どうぶつ》には、リス、ムササビ、モモンガ、ナマケモノ、コアラ、サルなどがいる。でも木《き》のぼりがうまい動物《どうぶつ》といえば、やっぱりサルだ。サルは、手《て》や足《あし》はもちろん、尾《お》まで使《つか》って、どんな木《き》でもするするとのぼり、軽《かる》がると枝《えだ》から枝《えだ》へ飛《と》びうつっていく。

でも、そんな木《き》のぼり名人《めいじん》のサルだって、たまには木《き》から落《お》ちることがある。人間《にんげん》だってそうだ。手品《てじな》の名人《めいじん》が舞《ぶ》台《たい》でしくじったり、計算《けいさん》の名《めい》人《じん》がかんたんな計算《けいさん》をまちがえたり、料理《りょうり》の名人《めいじん》がつくりそこなったりする。

　このことわざは、どんな名《めい》人《じん》でも、たまには失敗《しっぱい》することがある、ということだ。おなじ意味《いみ》のことわざに、**「弘法《こうぼう》にも筆《ふで》のあやまり」**がある。弘法大師《こうぼうだいし》のような書道《しょどう》の名人《めいじん》でも、書《か》きそこねることがある、という意味《いみ》になるよ。

サルのイモ洗《あら》い!?

サルは、頭《あたま》を使《つか》っておどろくようなことをやる。

　宮崎県幸島《みやざきけんこうじま》のニホンザルは、イモを食《た》べる時《とき》に海水《かいすい》で洗《あら》って食《た》べるので有名《ゆうめい》になった。さいしょは、イモについた砂《すな》を落《お》とすために洗《あら》っていた。ところが、海水《かいすい》で洗《あら》うと塩味《しおあじ》がついておいしいことに気《き》がつき、一口《ひとくち》食《た》べるごとに海水《かいすい》をつけるようになった。

　その後《ご》、幸島《こうじま》のサルたちは新《あたら》しいことをはじめた。人間《にんげん》が麦《むぎ》を砂《すな》の上《うえ》にまくと、サルたちは砂《すな》といっしょに麦《むぎ》をつかみ、海水《かいすい》に落《お》とす。かるい麦《むぎ》だけが水《みず》にうくから、麦《むぎ》をひろって食《た》べるのだ。サルの研究者《けんきゅうしゃ》である河合雅雄博士《かわいまさおはかせ》は、砂金《さきん》をさがしてより分《わ》けるのとおなじなので、この方《ほう》法《ほう》を〝砂金採集法《さきんさいしゅうほう》〟と名《な》づけた。

　大人《おとな》ザルはこれを見《み》ていて、ずるいことをやりだした。若《わか》いサルが海《うみ》に麦《むぎ》と砂《すな》を投《な》げると、すぐに若《わか》いサルをおいはらい、うきあがってきた麦《むぎ》をよこどりして食《た》べてしまう。

新《あたら》しい方法《ほうほう》をはじめるのは、いつも若《わか》いサルとか子《こ》どもザルだという。年《とし》をとったサルは、頭《あたま》が古《ふる》くてかたいから、なかなか新《あたら》しい方法《ほうほう》は考《かんが》えつかないようだ。

雀《すずめ》百《ひゃく》まで踊《おど》り忘《わす》れず

ほれ!!
こうじゃ
これはもう
さっき
やったよ
あのかた
スズメのヨネさん
すいてい103才
長いきだねー

ちいさなころの習慣《しゅうかん》

スズメは、いつもピョンピョンと踊《おど》るようにとびはねている。死《し》ぬまでとびはねるくせはぬけない。スズメとおなじように人間《にんげん》も、いくつになっても、小《ちい》さなころの習慣《しゅうかん》はあらためられない、という意《い》味《み》だ。

家《いえ》のまわりのスズメを見《み》ていると、いつもとびはねている。両足《りょうあし》をそろえ、とびはねて進《すす》んでいくのが、スズメの歩《ある》き方《かた》だ。楽《たの》しくて踊《おど》っているようだ。むかしの人《ひと》は、この歩《ある》き方《かた》を見《み》て、「雀《すずめ》の小《こ》踊《おど》り」といった。

ホッピングとウォーキング

鳥《とり》の歩《ある》き方《かた》には、二《ふた》つあることを知《し》ってる? 一《ひと》つは、スズメのように両足《りょうあし》をそろえ、はねるようにして進《すす》むやり方《かた》だ。これが「ホッピング型《がた》」。ツグミ、ホオジロ、シジュウカラ、オナガ、カケスなどの鳥《とり》が、この歩《ある》き方《かた》をするよ。

もうひとつは、人間《にんげん》みたいに足《あし》をかわるがわるだして歩《ある》いていく「ウォーキング型《がた》」だ。ハト、ムクドリ、セキレイ、キジ、それにカモやサギなどの水鳥《みずどり》が、この歩《ある》き方《かた》をする。カラスは器用《きよう》だから、両方《りょうほう》の歩《ある》き方《かた》ができるんだ。鳥《とり》を見《み》つけたら、ホッピングかウォーキングか、どちらの型《かた》で歩《ある》いているか、観察《かんさつ》するとおもしろいよ。

スズメは、人間《にんげん》にいちばん身近《みぢか》な鳥《とり》だ。人《ひと》と、しっかりむすびついて生活《せいかつ》してきたから、人《ひと》の家《いえ》がないところには、スズメはいない。

スズメが、いつから日本《にほん》にすむようになったのかは、わからない。二《ふた》つ説《せつ》があって、その一《ひと》つは、もともとスズメは日本《にほん》にいて、人間《にんげん》がきてからそのそばでくらしはじめたという説《せつ》。

もう一《ひと》つは、人間《にんげん》が先《さき》にくらしはじめ、そのあと大陸《たいりく》から渡《わた》ってきたんじゃないかという説《せつ》だ。

縄文時代《じょうもんじだい》の日本人《にほんじん》は、動物《どうぶつ》の狩《か》りをしてくらしていた。イネをつくることが大陸《たいりく》から伝《つた》わってきて、ひろがっていくのは弥生時代《やよいじだい》だ。スズメも、そのころに日本《にほん》にきてすみつき、すこしずつひろがっていったのではないかな。

蓼《たで》食《く》う虫《むし》も好《す》きずき

ムシャムシャ
ムシャムシャ
ムシャムシャ
どれもまずそう……

人《ひと》の好《この》みはさまざま

タデ（蓼《たで》）というのは、しめった草地《くさち》や川《かわ》のそばにはえる草《くさ》のこと。葉《は》がヤナギのように細《ほそ》いので、ヤナギタデともいわれるんだ。くきや葉《は》は、とてもからいよ。人間《にんげん》は、この草《くさ》を使《つか》って、食《た》べものにからい味《あじ》をつける香辛料《こうしんりょう》をつくる。

そんなものを食《た》べる虫《むし》なんか、いないと思《おも》うよね。それがいるんだ。コガネムシのなかまは、タデをよろこんで食《た》べる。そこで、いきものにはそれぞれすきずきがあり、人《ひと》の好《この》みもさまざまである、という意味《いみ》になるんだ。

ふんや洋服《ようふく》を食《た》べる虫《むし》も

昆虫《こんちゅう》のすきな食《た》べものは、さまざまだ。たとえば、ナナホシテントウムシの幼虫《ようちゅう》は、アブラムシがすきだ。二週《しゅう》間《かん》の幼虫《ようちゅう》のあいだに、約《やく》五〇〇ぴき、成虫《せいちゅう》になってからは、約《やく》二五〇〇ぴきも食《た》べる。

アブラムシは、小《ちい》さな吸《す》い針《ばり》の口《くち》をもっていて、大群《たいぐん》で農作物《のうさくもつ》にとりつき、作物《さくもつ》の液《えき》を吸《す》って枯《か》らしてしまう。ウイルスもはこんでくるので、農家《のうか》の人《ひと》にとってはにくい害《がい》虫《ちゅう》だ。そんなアブラムシをどんどん食《た》べるから、ナナホシテントウムシは、いきた農薬《のうやく》といわれている。

マイマイカブリがすきなのは、カタツムリだ。カタツムリを見《み》つけると、大《おお》あごで殻《から》の中《なか》にかみつく。肉《にく》に、唾液《だえき》をそそいでとかしてしまい、その肉《にく》をすするんだ。

それから、アゲハチョウが山道《やまみち》の水《みず》がたまったところで、水《みず》を吸《す》っているのを見《み》たことがあるだろう。これは、ナトリウムをとるために水《みず》を吸《す》うのだ。活発《かっぱつ》に飛《と》びまわるためには、ナトリウムが必要《ひつよう》なんだって。

セセリチョウは鳥《とり》のふんが大《だい》すきで、ふんを液体《えきたい》に変《か》えて吸《す》いとる。

ヒメマルカツオブシムシの生活《せいかつ》の場所《ばしょ》は、人《ひと》の家《いえ》のたんすや押《お》しいれだ。毛織物《けおりもの》、羽《う》毛《もう》、絹《きぬ》などの、人《ひと》が大切《たいせつ》にしまっていた洋服《ようふく》をどんどん食《た》べるからこまってしまう。カツオブシも大好《だいす》きで食《た》べる。それで、こんな名前《なまえ》がついたんだ。

いろんな昆虫《こんちゅう》がいて、いろんなものを食《た》べて生活《せいかつ》しているんだ。

ことわざ 絵《え》文《も》字《じ》クイズ

この、ことわざは なに？

ヒント

絵《え》のいきものを あらわす漢字《かんじ》は？

ちょっと むずかしいよ。できるかな？

頭《とう》

尾《び》

竜とへびどっちがりっぱ？

意味《いみ》

頭《あたま》は竜《りゅう》で、尾《お》はヘビ。つまり、はじめは勢《いきお》いがさかんだが、おわりはふるわないこと。

答《こた》え　竜《りゅう》頭《とう》蛇《だ》尾《び》

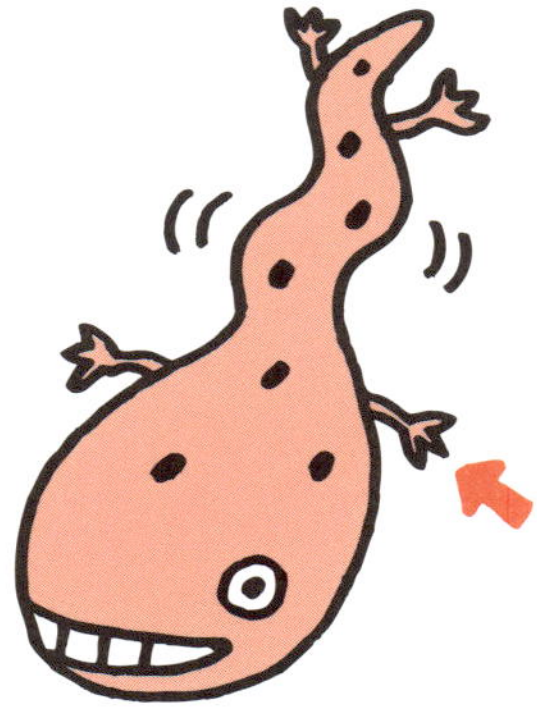

なんじゃこいつは!!

意味《いみ》

「蛇足《だそく》」とは、ヘビの足《あし》のこと。せっかく完成《かんせい》したヘビの絵《え》にかきくわえられた足《あし》のように、よけいなもの、むだなもののたとえ。

答《こた》え　蛇足《だそく》

視《し》眈《たん》眈《たん》

そんなに
にらむなよ

意味《いみ》

チャンスをねらって、するどい目《め》つきでまちかまえていること。トラが、しげみにかくれてするどい目《め》でえものをねらうようすから。

答《こた》え 虎《こ》視《し》眈《たん》眈《たん》

突《とつ》猛《もう》進《しん》

つきすすむぞー
オーッ

意味《いみ》

一《ひと》つのものに向《む》かって、まっすぐにもうれつないきおいで進《すす》んでいくこと。「猪《ちょ》突《とつ》」は、イノシシがつき進《すす》むさま。

答《こた》え 猪《ちょ》突《とつ》猛《もう》進《しん》

尻《しり》

に乗《の》る

どんな
おしりだろう?

意味《いみ》

よく考《かんが》えず、人《ひと》のあとについてものごとをやること。ほかの人《ひと》が乗《の》っている馬《うま》の尻《しり》部《ぶ》分《ぶん》に乗《の》る、という意味《いみ》から。

答《こた》え 尻《しり》馬《うま》に乗《の》る

鶴《つる》の一《ひと》声《こえ》

ツルがツルツル
おソバをツルツル
たべてる そのよこに
あたまツルツル
おじさん いた
ツルリン
ながい
一声やなー

すぐれた人《ひと》の一言《ひとこと》

「鶴《つる》の一声《ひとこえ》」は、力《ちから》をもつ人《ひと》やすぐれた人《ひと》の一言《ひとこと》のことだ。多《おお》くの者《もの》が、好《す》きかってなことをいってさわいでいても、それらの声《こえ》をぴしゃりとおさえてしまう、短《みじか》いことばをたとえている。「**雀《すずめ》の千声《せんこえ》 鶴《つる》の一声《ひとこえ》**」ともいうよ。

ツルの鳴《な》き声《ごえ》は、大《おお》きくてよくとおる声《こえ》なので、こんなことわざができた。どうして、ツルはよくひびく声《こえ》がだせるのか？ ツルや、ハクチョウの気管《きかん》は、長《なが》い首《くび》の中《なか》をまっすぐにとおって肺《はい》までつづき、胸《むね》の骨《ほね》の中《なか》で、大《おお》きくひとまわりしている。気管《きかん》というのは、口《くち》から吸《す》いこんだ空気《くうき》が、体《からだ》の中《なか》にはいっていく管《くだ》のことだよ。

たとえば、ツルのなかまのアメリカシロヅルの気管《きかん》の長《なが》さは、一二〇センチもある。この長《なが》い気管《きかん》のおかげで、トランペットやトロンボーンなどの金管楽器《きんかんがっき》のように、よくひびく声《こえ》がだせるんだ。

日本《にほん》のツルたち

日本《にほん》で見《み》られるおもなツルには、北海道《ほっかいどう》にすむタンチョウのほかに、ナベヅルとマナヅルがいる。

ナベヅルとマナヅルは、十月《がつ》から十一月《がつ》ごろ、シベリアや中国《ちゅうごく》の東北部《とうほくぶ》から、九州《きゅうしゅう》に渡《わた》ってきて、鹿児島県《かごしまけん》の出水《いずみ》平野《へいや》で冬《ふゆ》をすごす。ナベヅルは、全体《ぜんたい》に黒《くろ》っぽい色《いろ》、マナヅルは、青《あお》みがかった灰色《はいいろ》だ。

出水平野《いずみへいや》にきたツルたちは、二月《がつ》なかばから北《きた》に帰《かえ》りはじめ、三月《がつ》おわりには、みんな飛《と》んでいってしまう。

北海道《ほっかいどう》のタンチョウは、春《はる》になると釧路湿原《くしろしつげん》や霧多布湿原《きりたっぷしつげん》などへ飛《と》んでいって、巣《す》をつくる。暖《あたた》かくなると、よく動《うご》くようになり、オスとメスの鳴《な》きあいもさかんになる。オスが、首《くび》を長《なが》くのばし「コー」と鳴《な》くと、メスが「カッカッ」とこたえる。鳴《な》きあいは長《なが》くつづき、飛《と》びはねて踊《おど》ったりもする。鳴《な》きあう声《こえ》は、遠《とお》くまでよく聞《き》こえる。

出水平野《いずみへいや》に渡《わた》ってくるナベヅルやマナヅルの数《かず》は、アジア・太平洋戦争《たいへいようせんそう》のあとの一九四七年《ねん》には、たった二七五羽《わ》だった。それが、年《とし》ごとにふえて、八〇年《ねん》には、五六〇二羽《わ》になった。九二年《ねん》には一万《まん》をこえ、〇九年《ねん》には、一七一一二羽《わ》が記録《きろく》された。とてもふえたね。

鳶《とび》に油揚《あぶらあ》げさらわれる

ピー
ヒョロヒョロ
あぶらあげ
かえせ〜
これじゃ ただの
すうどんだじょ〜
おネギ
はいってますよ

思《おも》いもかけないことにぼうぜん

大切《たいせつ》なものを、思《おも》いもかけないことでとられてしまったり、なくしてしまう。そして、ぼうぜんとしていることのたとえだ。

「鳶《とび》」は、タカのなかまのトビのことだ。トビは、いつもつばさをひろげ「ピーヒョロロー」と鳴《な》きながら、大空《おおぞら》を舞《ま》っている。そして、おいしそうなえさを見《み》つけると、急《きゅう》におりてきて、えさを両足《りょうあし》でつかみ、さっと舞《ま》いあがってしまう。

ある時《とき》、人《ひと》がうっかり油揚《あぶらあ》げをおいておいたら、トビがおりてきて、さらって飛《と》んでいった。とられた人《ひと》は、くやしそうに空《そら》を見《み》あげているだけだった。そのようすが、くっきりと目《め》にうかんでくるようなことわざだ。

　トビは、ワシやタカのなかまだ。けれど、羽《はね》はきれいな色《いろ》とはいえないし、鳴《な》き声《ごえ》もきれいじゃない。少《すこ》しもよいところがなく、能《のう》なしの鳥《とり》だといって、むかしから、ばかにされてきた。それは、トビが死《し》んだ動物《どうぶつ》や魚《さかな》をよろこんで食《た》べたり、動物《どうぶつ》の死《し》がいをあらそって、カラスとけんかしたりするからだろう。

アホウ対《たい》ヒイヤロウメ

トビとカラスがけんかする、江戸時代《えどじだい》の笑《わら》い話《ばなし》があるよ。

――トビとカラスが、木《き》のてっぺんでけんかをはじめた。

トビがいった。「カラス、お前《まえ》はなさけねえやつだ。いつも死《し》んだ馬《うま》の肉《にく》や、骨《ほね》を食《た》べてるだろ。ウのまねをして、水中《すいちゅう》でおぼれそうになったこともあったよな。そんなやつと、おなじ鳥《とり》だといわれるのはいやだね」

　カラスも、いい返《かえ》した。「ふん、お前《まえ》こそ、羽《はね》にいっぱいシラミをためたり、人《ひと》の油揚《あぶらあ》げを盗《ぬす》んだりしやがって。人間《にんげん》にいやがられるのはトビだあ」

　トビはむかっとした。「頭《あたま》にくるなあ、このヒイヤロウメ」

　いわれたカラスはこたえた。

「アホウ　アホウ　アホウ」

　江戸時代《えどじだい》の人《ひと》は、トビの鳴《な》き声《ごえ》を「ヒーヤロー」と聞《き》いた。それで、トビがカラスをののしることばを、「ひいひい、うるさい野郎《やろう》め」という意味《いみ》で、「ヒイヤロウメ」といわせたんだよ。

とらぬ狸《たぬき》の皮《かわ》算《ざん》用《よう》

まだわからないのに……

タヌキはむかしから、日本《にほん》人《じん》になじみのある動物《どうぶつ》だ。むかし話《ばなし》にもよくでてくる。ずんぐりした体《からだ》や、ちょっととぼけたような顔《かお》つきがユーモラスで、みんなに親《した》しまれてきたんだ。

タヌキは、川《かわ》や湖《みずうみ》、沼《ぬま》などに近《ちか》い林《はやし》や、山《やま》では谷《たに》ぞいの岩《いわ》の多《おお》い林《はやし》などにすんでいる。昼間《ひるま》は、岩《いわ》のかげ、木《き》の穴《あな》、人《ひと》の家《いえ》や、寺《てら》の縁《えん》の下《した》などでグウグウねむっていて、夜《よる》になってから活動《かつどう》する。

タヌキは雑食性《ざっしょくせい》で、なんでも食《た》べる。植物質《しょくぶつしつ》のものでは、くだものやドングリ、穀《こく》物《もつ》、草《くさ》の根《ね》っこなどだ。動物《どうぶつ》質《しつ》のものでは、昆虫《こんちゅう》、カエル、ヘビ、カニ、ミミズ、魚《さかな》などだ。野《の》ネズミも好《す》きだ。

「とらぬ狸《たぬき》の皮算用《かわざんよう》」というのは、まだ、タヌキをつかまえないうちから、「皮《かわ》がなん枚《まい》とれたら、いくらもうかる」とあてにすることをいうんだ。「算用《さんよう》」は、計算《けいさん》すること。つまり、まだ確実《かくじつ》でもないことをあてにして、もうかったお金《かね》で、こんなものを買《か》おうと考《かんが》えたり、計画《けいかく》をたてることだ。

　宝《たから》くじを買《か》ったお父《とう》さんが、まだ抽選《ちゅうせん》は先《さき》なのに「一億円《おくえん》があたったら、まずハイブリットカーを買《か》って、それからアフリカ旅行《りょこう》をしよう。テレビも大型《おおがた》にする」なんて、調《ちょう》子《し》よく家族《かぞく》に話《はな》したりすることがあるだろう。そんな時《とき》にも、このことわざがぴったりだね。

売《う》れなかった タヌキの毛皮《けがわ》

　ところで、タヌキの毛皮《けがわ》は、とってもあたたかい。北海道《ほっかいどう》にすむのは、エゾタヌキという種類《しゅるい》だが、そのタヌキは、毛《け》がびっしりはえていて、保《ほ》温力《おんりょく》がすぐれているんだ。

　ずっと前《まえ》の話《はなし》だけど、東北《とうほく》地方《ちほう》が冷害《れいがい》で、米《こめ》が不作《ふさく》になったことがある。その時《とき》、農《のう》林省《りんしょう》は、農家《のうか》にエゾタヌキを飼《か》うことをすすめた。タヌキの毛皮《けがわ》を、外国《がいこく》に輸出《ゆしゅつ》してもうけようというわけだ。タヌキは、二〇万《まん》びきにもふえて、いざ毛皮《けがわ》を輸出《ゆしゅつ》しようとしたが、ちっとも売《う》れなかった。どうしたらいいか考《かんが》えて、〝タヌキスリッパ〟をつくって売《う》ろうとした。けれど、それも失敗《しっぱい》におわってしまった。どれも「とらぬ狸《たぬき》の皮算用《かわざんよう》」になったそうだ。

虎《とら》の威《い》を借《か》る狐《きつね》

弱《よわ》いのに いばっている

弱《よわ》いキツネが、強《つよ》いトラの威力《いりょく》を利用《りよう》していばる。つまり、力《ちから》のない弱《よわ》い人《ひと》が、強《つよ》い人《ひと》の力《ちから》や地位《ちい》を借《か》りて、いばることだ。

このことわざは、古《ふる》い中国《ちゅうごく》の本《ほん》『戦国策《せんごくさく》』にある、こんな話《はなし》からうまれた。

——ある時《とき》、トラがキツネをつかまえた。トラがすぐに食《た》べようとしたら、キツネがちょっとまってくれといった。

「わたしは、けものの中《なか》の王《おう》様《さま》なんです。神様《かみさま》がおきめになったんです。わたしを食《た》べたら、神様《かみさま》のいかりにふれて、たいへんなことになりますよ」

「なにい。また、いいかげんなことをいって、にげようとしてるんだろう」

「そんなことありませんよ。じゃあ、いまからわたしの後《あと》についてきてください。けものたちは、みんなわたしを見《み》て、にげだしますよ」

　キツネが歩《ある》きだし、トラはその後《あと》をついていった。けものたちは、トラがくるのを見《み》てにげだしたが、トラは、自《じ》分《ぶん》のせいだとわからなかった。こうして、キツネはトラに食《た》べられずに助《たす》かったのだ。

キツネは神様《かみさま》のお使《つか》い

　稲荷神社《いなりじんじゃ》にはかならず石《いし》のキツネがいる。社殿《しゃでん》の前《まえ》にも、陶器《とうき》のキツネがかざってある。神社《じんじゃ》にまつってあるのは、倉稲魂神《うかのみたまのかみ》で、五穀《ごこく》を守《まも》っている神様《かみさま》だ。

　五穀《ごこく》とは、米《こめ》、麦《むぎ》、粟《あわ》、黍《きび》、豆《まめ》のこと。キツネはこの神様《かみさま》のお使《つか》いである。どうして、キツネが神様《かみさま》のお使《つか》いになったのか。

　一《ひと》つの説《せつ》では、「むかしキツネは、稲穂《いなほ》をインドから日本《にほん》にもってきて、稲《いね》をつくるのを日本《にほん》に広《ひろ》めた」という話《はなし》があって、そこから神様《かみさま》のお使《つか》いになったという。

　二《ふた》つめの説《せつ》は、キツネがネズミとりの名人《めいじん》で、ネズミをよくつかまえることからきている。ネズミは、むかしから、農家《のうか》の米《こめ》や豆《まめ》など穀物《こくもつ》を食《た》べてしまう害獣《がいじゅう》だ。そのネズミを退治《たいじ》するのだから、穀物《こくもつ》の神様《かみさま》のお使《つか》いにぴったりだ。

　三《みっ》つめは、京都《きょうと》の稲荷山《いなりやま》にはもともとキツネがたくさんすんでいて、春日神社《かすがじんじゃ》のシカとおなじように、神様《かみさま》のお使《つか》いになったという説《せつ》だよ。

飛《と》んで火《ひ》に入《い》る夏《なつ》の虫《むし》

危険《きけん》に飛《と》びこむ

夏《なつ》の夜《よる》、虫《むし》たちが光《ひかり》をもとめて飛《と》んでくる。外《そと》の灯火《とうか》には、たくさんの虫《むし》が集《あつ》まってくる。

灯火《とうか》に飛《と》びこんで、焼《や》かれて死《し》んでしまう虫《むし》もいる。そんな虫《むし》のように、自分《じぶん》からすすんで危険《きけん》なところに飛《と》びこみ、身《み》をほろぼす人間《にんげん》のおろかさを笑《わら》ったたとえだ。

銀行強盗《ぎんこうごうとう》をやって、大金《たいきん》を盗《ぬす》んだ犯人《はんにん》が、車《くるま》でにげた。犯人《はんにん》は、どんどん走《はし》って、うまくにげたつもりでいた。ところが、高速道路《こうそくどうろ》で検問《けんもん》をやっていて、犯人《はんにん》はそこへ走《はし》っていって、あっさりつかまった。まるで、つかまえてもらおうと警察官《けいさつかん》のところにいったようなものだ。こんなことを「飛《と》んで火《ひ》に入《い》る夏《なつ》の虫《むし》」という。

灯火《とうか》に集《あつ》まるチョウやガ

夜《よる》、灯火《とうか》に集《あつ》まってくる虫《むし》の代表《だいひょう》は、ガだ。夏《なつ》の夜《よる》、家《いえ》の灯《あか》りに飛《と》びこんできて、茶《ちゃ》色《いろ》のりんぷんをまきちらすのも、ガだ。

夜《よる》、ガなどの虫《むし》が、家《いえ》の電《でん》灯《とう》に集《あつ》まってくるのは、電灯《でんとう》から紫外線《しがいせん》がでているからだ。紫外線《しがいせん》は、ばいきんを殺《ころ》す力《ちから》が強《つよ》く、日《ひ》やけをおこす光線《こうせん》だ。人間《にんげん》の目《め》には見《み》えないが、虫《むし》には紫外線《しがいせん》がよく見《み》える。

太陽《たいよう》の光《ひかり》がない夜《よる》になると、虫《むし》に見《み》える光《ひかり》は、紫外線《しがいせん》だけになる。それで、チョウやガたちは電灯《でんとう》のまわりに集《あつ》まる。田《た》んぼや庭園《ていえん》に、誘蛾灯《ゆうがとう》がもうけられているのは、紫外《しがい》線《せん》をたくさんだして、ガなどの虫《むし》を集《あつ》めるためだ。

ところで、チョウとガは、おなじなかまだ。すがたも似《に》ている。ただ、チョウのはねは明《あか》るくてきれいな色《いろ》をしているが、ガのはねはくすんだ色《いろ》で地味《じみ》だ。

チョウは、明《あか》るい昼《ひる》のあいだに飛《と》ぶので、なかまにわかるように羽《はね》を目《め》だたせる必要《ひつよう》がある。でも、暗《くら》い夜《よる》に飛《と》ぶガは、いくらきれいな羽《はね》でも見《み》てもらえないからだ。

チョウの羽《はね》は、目《め》だつから鳥《とり》などの敵《てき》におそわれやすい。それで、とまっている時《とき》には羽《はね》を垂直《すいちょく》にたてて、うらしか見《み》えないようにしている。羽《はね》のうらは、地味《じみ》な保護色《ほごしょく》だ。ガの多《おお》くは、羽《はね》をひろげてとまるんだ。

泣《な》きっ面《つら》に蜂《はち》

ブーン
ブーン
ブーン
ブーン
ふんだりけったりやな

わるいことがかさなる

頭《あたま》をぶつけて、痛《いた》くて泣《な》いていたら、そこへハチが飛《と》んできて、顔《かお》をチクッとさした。頭《あたま》をぶつけた上《うえ》に、ハチにさされた。つまり、わるいことがおきたところへ、また、わるいことがかさなっておきることをいう。

「踏《ふ》んだり蹴《け》ったり」、**「弱《よわ》り目《め》にたたり目《め》」**も、かさねがさねひどい目《め》にあうことだ。

じつは、二〇万種《まんしゅ》をこえるハチのなかまで、人《ひと》をさすハチは、ほんのわずかだ。人《ひと》をさすのは、集団《しゅうだん》で生活《せいかつ》するスズメバチ、アシナガバチ、ミツバチのなかまと、アリガタバチという寄生《きせい》バチだけだ。

たとえば、クマバチやベッコウバチは、強《つよ》い毒針《どくばり》をもっているが、巣《す》を守《まも》るという性《せい》質《しつ》がないので、追《お》いつめたりしないかぎり、人《ひと》をさしたりはしない。

巣《す》を守《まも》るために

ミツバチはこわい。大《おお》きな巣《す》の中《なか》では、幼虫《ようちゅう》やサナギをいっぱいやしなっているし、ミツもどっさりしまってある。それを守《まも》るために、毒針《どくばり》というこわい武器《ぶき》をもつようになったんだ。人《ひと》や動物《どうぶつ》が、巣《す》をこわそうとしたり、うばおうとする時《とき》、毒針《どくばり》を使《つか》って攻撃《こうげき》をする。

「蜂《はち》は一度《ど》さしたら死《し》ぬ」ということばは、ミツバチだけにあてはまる。

ミツバチの針《はり》の先《さき》は、のこぎりの歯《は》のようなさかさのトゲがついている。そして針《はり》は、体《からだ》の筋肉《きんにく》につながっている。相手《あいて》をさすと針《はり》はぬけなくなり、ハチの体《からだ》からかんたんにちぎれてしまう。

けれど相手《あいて》につきささった針《はり》は、体《からだ》の中《なか》に食《く》いこんでいく。そして、毒液《どくえき》の注入《ちゅうにゅう》をつづける。さしたミツバチは、針《はり》がちぎれて、その傷《きず》がもとで死《し》んでしまうのだ。

ハチのちぎれた針《はり》のあたりから、危険《きけん》を知《し》らせるにおいがでる。このにおいは、なかまのハチをよびよせ、興奮《こうふん》させる。だから、ミツバチにさされると、においがでた所《ところ》に、大群《たいぐん》が集《あつ》まってくることになる。

ミツバチにさされたら、すぐにその場所《ばしょ》をはなれ、さされた所《ところ》を水《みず》で洗《あら》えといわれる。これは、ハチのだしたにおいを消《け》せということなんだ。

うわー
ハチハリのハチだ!!

ことわざ シルエットクイズ

この、ことわざはなーんだ？

ヒント
シルエットをよーく見《み》てね。

まだまだあるよ、いきもののことわざ。

大《たい》山《ざん》鳴《めい》動《どう》して一匹《いっぴき》

えーっ とてもドキドキしてたのに

意味《いみ》
さわぎばかり大《おお》きくて、じっさいにはたいしたことはおこらなかった、というたとえ。

答《こた》え 鼠《ねずみ》

に真珠《しんじゅ》

あーもったいない

意味《いみ》
高価《こうか》なものでも、その値《ね》うちを知《し》らない者《もの》にとっては無意味《むいみ》だということ。「猫《ねこ》に小判《こばん》」もおなじ意味《いみ》。

答《こた》え 豚《ぶた》

に見込《みこ》まれた蛙《かえる》

も・う だ・め・だ・・・

意味《いみ》
こわくて、体《からだ》がすくんで動《うご》けなくなること。ヘビがカエルをにらむと、カエルが動《うご》けなくなるというたとえから。

答《こた》え 蛇《へび》

ことわざコラム

ことわざって、いつごろどのようにうまれたの？

ことわざはいつごろできたのか。しらべていくと、日本《にほん》では平安時代《へいあんじだい》にはもう「ことわざ」があったという記録《きろく》がのこされている。平安時代《へいあんじだい》の中《なか》ごろ、1007年《ねん》に源《みなもとの》為憲《ためのり》という人《ひと》が書《か》いた本《ほん》がある。『世俗諺文《せぞくげんもん》』というタイトルの本《ほん》だ。この本《ほん》はわかりやすくいうと、二《ふた》つのことばでできた成句《せいく》、すなわちことわざが、どうしてできたかを書《か》いたもので、そのころの「ことわざ辞《じ》典《てん》」といえるものだ。

その本《ほん》の中《なか》には、いまの時代《じだい》でも使《つか》われていることわざや四字熟語《よじじゅくご》の、「**良《りょう》薬《やく》は口《くち》に苦《にが》し**」や「**千載一遇《せんざいいちぐう》**」、「**大器晩成《たいきばんせい》**」などのことばがのっているからおどろかされる。

そのほかのことわざが、さいしょはどんな本《ほん》にのっていたかを調《しら》べていくと、江戸時代《えどじだい》の本《ほん》にあったものが多《おお》い。

それから、中国《ちゅうごく》の古《ふる》い時代《じだい》のことばが日本《にほん》にはいってきて、自然《しぜん》に日本《にほん》のことわざになっていったものも多《おお》くある。たとえば「**虎穴《こけつ》に入《はい》らずんば虎子《こじ》を得《え》ず**」ということわざは、後漢《ごかん》の時代《じだい》に書《か》かれた本《ほん》『後漢書《ごかんじょ》』にあったことばで、「**先《さき》んずれば人《ひと》を制《せい》す**」は、秦《しん》のおわりの『史記《しき》』に書《か》かれていたものだ。また「**覆水盆《ふくすいぼん》に返《かえ》らず**」は、殷《いん》の時代《じだい》の『拾遺記《しゅういき》』にあった。

このように、中国《ちゅうごく》から日本《にほん》にはいってきてことわざになったものは、数多《かずおお》くある。とくにいま使《つか》われている四字熟語《よじじゅくご》というのは、むかし中国《ちゅうごく》であった名高《なだか》いできごとからうまれたものだ。そのことがらがずっといいつたえられて、いまも日本《にほん》にのこっているのだ。

そのほかには、むかしヨーロッパなど外国《がいこく》で使《つか》われていたことわざが、日《に》本《ほん》にはいってきて、いつしか日本《にほん》のことわざになり、ひろがっていったものもあるよ。

二兎《にと》を追《お》う者《もの》は一兎《いっと》も得《え》ず

トホホなオオカミさん
こんなに たくさんいたら えらべないよー
つかまえられるもんならつかまえてみろー
やーい
やーい

よくばりは失敗《しっぱい》のもと

二羽《わ》のウサギをおいかけ、同時《どうじ》につかまえようとしても、けっきょく一羽《わ》もとらえることができない。一度《ど》に二《ふた》つのことをやろうとしても、かえってどちらも成功《せいこう》しないという意味《いみ》だ。これも、よく使《つか》われることわざだね。

「蛇蜂取《あぶはちと》らず」ということわざも、おなじ意味《いみ》だ。アブとハチを一度《ど》にとろうとして、どちらもにがしてしまったことからできたんだ。

むかし、ウサギは田《た》や畑《はたけ》の作物《さくもつ》をあらす動物《どうぶつ》だった。ある日《ひ》のこと、畑《はたけ》でウサギが作《さく》物《もつ》を食《た》べていた。農民《のうみん》はおこって、ウサギをおいかけた。にげる二羽《わ》を、一度《ど》につかまえようとした。ところが、ウサギは右《みぎ》と左《ひだり》に分《わ》かれてにげ、まよっているうちにどこかへいってしまった。こんなことが何度《なんど》もあって、そこから「二兎《と》を追《お》う者《もの》は一兎《と》も得《え》ず」のことわざがうまれたんだ。

月《つき》にはウサギがすんでいる？

日本《にほん》ではウサギを鳥《とり》とおなじように、一羽《わ》、二羽《わ》、三羽《わ》……とかぞえる。これは、ウサギの肉《にく》の味《あじ》が鳥《とり》に似《に》ているからだといわれている。また、山《やま》の斜面《しゃめん》に網《あみ》をはり、ウサギをおいかけてつかまえるやり方《かた》は、鳥《とり》をとるやり方《かた》とおなじだ。そこから、かぞえ方《かた》が鳥《とり》のようになった、ともいわれている。

むかしは、月《つき》にはウサギがいて、モチをついているといった。子《こ》どもは、そのことをみんな信《しん》じていた。古《ふる》い中国《ちゅうごく》の天文《てんもん》の本《ほん》に、月《つき》にはウサギがすむと書《か》いてある。それが、日本《にほん》にも伝《つた》わってきたんだ。

仏教《ぶっきょう》の伝説《でんせつ》では、インドラという神《かみ》さまによって、ウサギは月《つき》の精《せい》になったとされている。ある時《とき》、インドラ神《しん》はたいへんこまったふりをして、ウサギになにか食《た》べものがほしいといった。ウサギはなにも食《た》べものをもっていなかったので、燃《も》える火《ひ》の中《なか》にとびこんで体《からだ》を焼《や》き、自分《じぶん》の肉《にく》を食《た》べてくださいと、さしだした。インドラ神《しん》はたいそう感《かん》心《しん》して、ウサギを月《つき》の精《せい》にしたという。

猫《ねこ》に小判《こばん》

ありがたみがわからない

もし、ネコに高価《こうか》な小判《こばん》をやったとしても、ネコはねうちがわからないので、知《し》らん顔《かお》をしている。どんなに高価《こうか》なものでも、そのねうちがわからない者《もの》にあたえたのでは、なんの役《やく》にもたたない。

「**豚《ぶた》に真珠《しんじゅ》**」もおなじ意味《いみ》のことわざで、『新約聖書《しんやくせいしょ》』の「マタイ伝《でん》・第《だい》七章《しょう》」に書《か》かれていることばだ。

「**馬《うま》の耳《みみ》に念仏《ねんぶつ》**」もおなじ意《い》味《み》だ。馬《うま》にありがたい念仏《ねんぶつ》をきかせても、そのありがたさがちっともわからないから、むだだという意味《いみ》だ。

まねき猫《ねこ》の伝説《でんせつ》

「まねき猫《ねこ》」は、小判《こばん》をかかえ、かた方《ほう》の前足《まえあし》をあげて、おいでおいでをしている像《ぞう》だ。

　まねき猫《ねこ》のはじまりは、東《とう》京《きょう》・世田谷《せたがや》のお寺《てら》だった。

　——江戸時代《えどじだい》のはじめのこと。世田谷《せたがや》に、とてもまずしいお寺《てら》があった。ある日《ひ》、お坊《ぼう》さんは、飼《か》っていたネコのタマにこんなことをいった。

「うちの寺《てら》は貧乏《びんぼう》でな、こわれた本堂《ほんどう》の修理《しゅうり》をするお金《かね》もないんじゃ。タマもこの寺《てら》の家族《かぞく》なんだから、どうしたらいいか考《かんが》えておくれ」

　それから数日《すうじつ》して、お寺《てら》の門前《もんぜん》を、殿《との》さまとりっぱな武《ぶ》士《し》たちがとおりかかった。するとタマが、かた方《ほう》の前足《まえあし》をあげて、おいでおいでをした。

「あやしいネコだ」とおこる武士《ぶし》を、殿《との》さまはとめた。そして、せっかくネコがまねいてくれたんだから、この寺《てら》で休《やす》んでいこうではないかといった。殿《との》さまは、近江《おうみ》・彦根《ひこね》藩《はん》の井伊直孝《いいなおたか》だった。

　殿《との》さまや武士《ぶし》たちがお寺《てら》にはいって、休《やす》もうとした時《とき》だ。きゅうに雷《かみなり》が鳴《な》りだし、はげしい雨《あめ》がザザザーッとふってきた。「このネコがまねいてくれなかったら、ずぶぬれになるところであった」

　殿《との》さまはとてもよろこび、お坊《ぼう》さんからありがたい仏《ぶっ》教《きょう》の話《はなし》をきいて、すっかり満《まん》足《ぞく》して帰《かえ》った。殿《との》さまはこのあと、お寺《てら》のためにたくさんのお金《かね》を寄進《きしん》し、お寺《てら》の後援《こうえん》者《しゃ》になってくれた。

　こうして貧乏寺《びんぼうでら》はすくわれた。お坊《ぼう》さんは、タマのおかげだと、右《みぎ》の前足《まえあし》をあげている木《き》ぼりのネコをつくらせた。

　いま世田谷《せたがや》にある豪徳寺《ごうとくじ》が、そのまねき猫《ねこ》のお寺《てら》だ。

能《のう》ある鷹《たか》は爪《つめ》をかくす

ほほーう
これは自殺《じさつ》
ですな!!
つめかくし
てる…
なんでや
ねん!!

力《ちから》や才能《さいのう》をじまんしない

えものをじょうずにとらえるタカは、ふだんはするどいつめをかくして、力《ちから》のあることを見《み》せないものだ。

タカのつめは、えものをとらえるのに大切《たいせつ》なもの。そこから、実力《じつりょく》や才能《さいのう》がある者《もの》ほど、自分《じぶん》の力《ちから》や才能《さいのう》をひけらかすことをしない、というたとえになった。「**鼠《ねずみ》とる猫《ねこ》は爪《つめ》かくす**」もおなじ意味《いみ》だ。

このことわざのとおりだと、しっかりつめをかくすタカと、いつもつめをだしているタカがいることになる。けれど、じつはどんなタカも、つめをかくしたりしない。

世界《せかい》には、約《やく》二八〇種《しゅ》のワシとタカの仲間《なかま》がいる。けれど、つめをかくすタカなんか一種《しゅ》もいない。どんな時《とき》も、タカはつめをむきだしにしている。

タカは、狩《か》りをする鳥《とり》だ。飛《と》びながらえものをさがしたり、林《はやし》でまちぶせしてえものを見《み》つけ、空中《くうちゅう》からおそいかかって、するどいつめでとらえる。ノウサギ、リス、ネズミなどの小動物《しょうどうぶつ》、カケス、ハト、キジ、カモなどの鳥《とり》をつかまえて食《た》べる。

鷹狩《たかが》り

むかしの大名《だいみょう》や貴族《きぞく》は、山《やま》や野《の》にでかけて、「鷹狩《たかが》り」という猟《りょう》をよくやった。これは、タカを飼《か》いならして、ほかの鳥《とり》や動物《どうぶつ》をとらえさせる猟《りょう》の方法《ほうほう》だ。

日本《にほん》で鷹狩《たかが》りがはじまったのは、仁徳天皇《にんとくてんのう》の時代《じだい》、四世《せい》紀《き》のことだ。

ある日《ひ》、それまで見《み》たことのなかった鳥《とり》を、天皇《てんのう》にさしあげた者《もの》がいた。タカだった。百済《くだら》ではタカを飼《か》いならして小鳥《ことり》や小動物《しょうどうぶつ》をつかまえていると知《し》った天皇《てんのう》は、タカを飼《か》いならして、狩《か》りをしてみたいといわれた。そこから、鷹《たか》狩《が》りがはじまった。

奈良時代《ならじだい》や平安時代《へいあんじだい》には、天皇《てんのう》や貴族《きぞく》がさかんに鷹狩《たかが》りをおこなった。

その後《ご》、織田信長《おだのぶなが》も豊臣秀《とよとみひで》吉《よし》も、戦国時代《せんごくじだい》の大名《だいみょう》たちは、みんなこの鷹狩《たかが》りがすきだった。中《なか》でも徳川家康《とくがわいえやす》は、鷹狩《たかが》りが大《だい》すきで、子《こ》どものころから、モズを使《つか》って、鷹狩《たかが》りのまねをしていたという。

はきだめに鶴《つる》

こえだめって くさいけど あったかいの よねー
くさっ!! こえだめに つるやん!! こえだめを しらない人は おうちの人に きいてね

すぐれて めだつこと

「はきだめ」は、ごみすて場《ば》のこと。ごみすて場《ば》のようなひどい所《ところ》に、とびぬけてすぐれたものがあらわれた、というたとえだ。

ごみすて場《ば》でなくて、田《た》んぼや畑《はたけ》でも、ツルが舞《ま》いおりてくれば、だれでもびっくりする。カラスやスズメばかりいる中《なか》に、ツルが一羽《わ》いれば、とても目《め》だつものだ。このことわざは、そんな意味《いみ》だよ。

中国《ちゅうごく》のことばに、「**鶏群《けいぐん》の一《いっ》鶴《かく》**」というのがある。たくさんの平凡《へいぼん》な人《ひと》の中《なか》に、一人《ひとり》だけ、とてもすぐれた人《ひと》がいるということのたとえだ。

ツルは、むかしから幸運《こううん》のしるしといわれ、めでたい鳥《とり》だとよろこばれてきたんだ。

とくにタンチョウは、まっ白《しろ》な体《からだ》に羽《はね》の黒《くろ》い色《いろ》が印象《いんしょう》的《てき》で、頭《あたま》のてっぺんの赤《あか》もあざやかだ。形《かたち》もすらりとして、気《け》だかい感《かん》じがする。いまもえんぎがよい鳥《とり》として、結婚《けっこん》式《しき》などにはツルのもようを使《つか》うし、正月《しょうがつ》になると床《とこ》の間《ま》にツルの絵《え》をかざったりする。お酒《さけ》の名前《なまえ》にも、「鶴《つる》」がはいっているものが多《おお》いんだ。

保護《ほご》された タンチョウ

タンチョウは、北海道《ほっかいどう》の東《とう》部《ぶ》にすんでいて、湿原《しつげん》に巣《す》をつくりヒナを育《そだ》てている。

江戸時代《えどじだい》には日本《にほん》の各地《かくち》にいたが、明治時代《めいじじだい》になって、つぎつぎに鉄砲《てっぽう》でうたれた。すんでいた湿原《しつげん》や沼《ぬま》も、農業地《のうぎょうち》になってしまった。それでほろびたと思《おも》われていたが、大正時代《たいしょうじだい》の一九二四年《ねん》に、釧路湿原《くしろしつげん》で十数羽《すうわ》見《み》つかった。保護活動《ほごかつどう》がはじまったが、少《すこ》しもふえなかった。

アジア・太平洋戦争《たいへいようせんそう》がおわって七年後《ねんご》の、一九五二年《ねん》の冬《ふゆ》のこと。釧路《くしろ》のあたりがすごい寒波《かんぱ》におそわれた。湿原《しつげん》の川《かわ》はみんな凍《こお》ってしまい、タンチョウは食《た》べものがなくなって、人里《ひとざと》にでてきた。人《ひと》びとがトウモロコシをまいてみると、タンチョウは食《た》べた。

それから、冬《ふゆ》にタンチョウにえさをまくようになったんだ。この年《とし》はたった三三羽《ば》だったが、いまでは、保護活動《ほごかつどう》がみのって千羽《ば》をこえた。

釧路湿原《くしろしつげん》は、いまは国立公園《こくりつこうえん》になっている。そして、近《ちか》くの鶴居村《つるいむら》には、タンチョウを守《まも》るためのとくべつな保護《ほご》の場所《ばしょ》、サンクチュアリもつくられている。

鳩《はと》に豆《まめ》鉄砲《でっぽう》

まん丸《まる》な目《め》で びっくり

このことわざは、とつぜんおきたことに目《め》をみはること。ハトが、おもちゃの鉄砲《てっぽう》で豆《まめ》をぶつけられ、きょとんとしているようすをいうんだ。

ハトの目《め》はまん丸《まる》で、黒目《くろめ》がいつもびっくりしているように見《み》える。そこから、こんなことわざがうまれた。

キジバトは、都会《とかい》の公園《こうえん》や家《いえ》の庭《にわ》でも見《み》られる野生《やせい》のハトだ。人間《にんげん》もあまりこわがらない。電線《でんせん》や木《き》の枝《えだ》にとまって、「デッデッ　ポーポー」と鳴《な》いている。ぶどう色《いろ》の体《からだ》で、背中《せなか》にある茶色《ちゃいろ》と黒《くろ》のうろこもようと、首《くび》にあるこい青《あお》と白《しろ》のしまもようがとくちょうだ。羽《はね》のもようがキジのメスにそっくりなので、こんな名《な》前《まえ》がついた。

駅《えき》のホームや線路《せんろ》、神社《じんじゃ》やお寺《てら》でも、ハトのむれを見《み》かける。これらはみんなドバトで、キジバトとはちがう。

もとは野生《やせい》だったカワラバトを、人間《にんげん》は長《なが》いあいだに改《かい》良《りょう》して、飼《か》うためのハトや、伝書《でんしょ》バトをつくってきた。飼《か》われていたそれらのハトがにげだして、ドバトになったんだ。だから、ドバトは野生《やせい》の鳥《とり》ではない。

絶《ぜつ》めつしたリョコウバト

リョコウバトは、北《きた》アメリカにすんでいた大型《おおがた》のハトだ。渡《わた》りの旅《たび》をするから、リョコウバトとよばれた。北《きた》アメリカの開拓時代《かいたくじだい》にはたくさんいて、世界一数《せかいいちかず》が多《おお》い鳥《とり》だったという。

リョコウバトのむれが渡《わた》っていくようすは、すさまじいものだった。とつぜんゴーッと音《おと》がしてきたと思《おも》うと、空《そら》がまっ暗《くら》になる。そして竜巻《たつまき》をおこすような感《かん》じでとんでいったという。

リョコウバトの肉《にく》は、とてもおいしかった。それで、人《ひと》びとはどんどんこの鳥《とり》をつかまえて食料《しょくりょう》にした。毎年《まいとし》、大《たい》量《りょう》のハトが、網《あみ》にかかったり、銃《じゅう》でうたれたり、木《き》からたたきおとされた。一八七九年《ねん》にミシガン州《しゅう》でつかまえられたリョコウバトの数《かず》は、一〇億《おく》羽《わ》にもなった。リョコウバトは、きゅうに減《へ》っていった。

一九一四年《ねん》に、シンシナティ動物園《どうぶつえん》で、マーサと名前《なまえ》がついたさいごの一羽《わ》が死《し》んだ。こうして、リョコウバトは絶《ぜつ》めつした。

烏《からす》の行水《ぎょうずい》

風呂《ふろ》にはいっても、ゆっくりあたたまらず、よく洗《あら》わずにでてしまうこと。カラスなどの鳥《とり》は、あっというまに水《みず》あびをおえる(行水《ぎょうずい》)ことから。

蛇《じゃ》の道《みち》は蛇《へび》

おなじ仲間《なかま》のすることとは、仲間《なかま》ならおたがいによくわかる、というたとえ。

袋《ふくろ》の鼠《ねずみ》

まわりをすっかりとりかこまれて、どこにもにげられないことのたとえ。

張子《はりこ》の虎《とら》

外《そと》から見《み》ると、とても強《つよ》そうだが、じっさいには弱《よわ》いもののこと。

一《ひと》つ穴《あな》のむじな

ムジナ?・
ムジナってタヌキの
ことかと・・・
だれだよ。
こんなところに
おとしあな
ほったやつは
おいら
しらねー

みんなでわるだくみ?

ムジナという動物《どうぶつ》がいる。タヌキのべつの名前《なまえ》ではない。

夜間《やかん》に活動《かつどう》して、動物《どうぶつ》でも植物《しょくぶつ》でも、なんでも食《た》べるところは、タヌキににている。毛《け》の色《いろ》もそっくりだ。けれど、ムジナはイタチ科《か》で、タヌキはイヌ科《か》の動物《どうぶつ》だ。

ムジナは、アナグマともよばれていて、穴《あな》ほりがとってもうまい。かぎの形《かたち》をした長《なが》いつめで、地下《ちか》二、三メートルのところに、まがりくねった長《なが》い巣穴《すあな》をつくってしまう。とても大《おお》きなすまいだから、何代《なんだい》もの家族《かぞく》ですめるよ。

それにくらべて、タヌキは

どんなところにもすめるらしい。岩《いわ》のすきま、木《き》の根《ね》っこの穴《あな》、たおれた木《き》の下《した》、人間《にんげん》の家《いえ》の床下《ゆかした》……なんでも巣穴《すあな》にする。ムジナがつくった巣《す》穴《あな》を見《み》つけ、ちゃっかりはいりこんでしまうタヌキもいるよ。

「一《ひと》つ穴《あな》のムジナ」は、「**一《ひと》つ穴《あな》のキツネ**」ともいうんだ。ムジナもキツネも、むかしから、人《ひと》をだます悪《わる》いけものと考《かんが》えられていた。そんなけものが集《あつ》まって、おなじ一《ひと》つの穴《あな》にすんでいるとしたら、きっと相談《そうだん》しあってわるいことをたくらんでいるにちがいない、と思《おも》われたんだ。

だから、このことわざは、おなじなかまの悪人《あくにん》、という意味《いみ》になる。

ムジナは強《つよ》い

ムジナは、とても気《き》の強《つよ》い動物《どうぶつ》だ。敵《てき》に攻撃《こうげき》されても、かんたんにひきさがったりしない。相手《あいて》が自分《じぶん》より大《おお》きくても、ずっと強《つよ》そうでも、にげたりはしない。それは、ムジナが強力《きょうりょく》な武器《ぶき》をもっているからだ。

ムジナには、するどい歯《は》と、強《つよ》いあご、長《なが》いかぎづめ、それから体《からだ》をうんと大《おお》きく見《み》せる毛皮《けがわ》がある。もし、敵《てき》に首《くび》などをガブリとやられても、毛皮《けがわ》がダブダブなので平気《へいき》だ。首《くび》をくわえさせたまま、ぐるりとまわって、ぎゃくに敵《てき》を下《した》から攻撃《こうげき》してしまう。たいていは、相手《あいて》の急所《きゅうしょ》をねらうんだよ。

ムジナの好物《こうぶつ》は、ハチミツとハチの子《こ》どもだ。ミツバチやスズメバチの巣《す》を上手《じょうず》に見《み》つけてくる。巣《す》をとる時《とき》、ハチがおこって襲撃《しゅうげき》してくるが、ぜんぜん平気《へいき》だ。ダブダブの毛皮《けがわ》が、ちゃんと体《からだ》を守《まも》ってくれるからだ。

豹《ひょう》は死《し》んで皮《かわ》をのこす

オレの皮を
3丁目《ちょうめ》の山田さんに
おくります……
3丁目の
山田さんって
いったい……

すぐれた仕事《しごと》や名前《なまえ》をのこす

これは、むかし中国《ちゅうごく》の梁《りょう》という時代《じだい》に、王彦章《おうげんしょう》という人《ひと》がいったことわざだよ。

ヒョウは死《し》んだ後《あと》、きれいな毛皮《けがわ》をのこして、人《ひと》びとに大切《たいせつ》にされる。そのように、人間《にんげん》も、すぐれた仕事《しごと》や名前《なまえ》をのこして、死《し》んだ後《あと》もほめられるようでないといけない。こんな意味《いみ》だ。「**虎《とら》は死《し》んで皮《かわ》をのこす**」ともいうね。

動物《どうぶつ》の多《おお》くは、体《からだ》にもようをもっている。とくに、肉《にく》食動物《しょくどうぶつ》の毛皮《けがわ》は、色《いろ》やもようがきれいだ。それに、とてもあたたかい。それで欲《ほ》しがる人《ひと》が多《おお》く、むかしから高価《こうか》な商品《しょうひん》となっていた。たとえばテン、ミンク、キツネ、ビーバー、タヌキなどの毛皮《けがわ》はあたたかく、肌《はだ》ざわりもよくてこのまれた。けれど、色《いろ》やもようのうつくしさからいえば、ヒョウ、チーター、トラ、オオヤマネコなど、ネコ科動《かどう》物《ぶつ》の毛皮《けがわ》はすばらしい。

動物《どうぶつ》の毛皮《けがわ》はすてきだけど…

ヒョウは、体《からだ》がやわらかくびんしょうだ。音《おと》をたてないように近《ちか》づいたり、まちぶせしたりして、えものをおそう。

ヒマラヤ山脈《さんみゃく》のふもと、岩《いわ》の多《おお》い山《やま》の中《なか》には、ユキヒョウがすんでいる。白《しろ》い毛《け》に、リングのような黒《くろ》いもようをもっている。ユキヒョウという名前《なまえ》は、体《からだ》の毛《け》がきれいな白色《はくしょく》なので、雪《ゆき》にたとえてつけられた。すてきな名前《なまえ》だね。体《からだ》が白《しろ》いのは、白《しろ》い雪《ゆき》がつもった高地《こうち》を走《はし》りまわっても、目《め》だたない色《いろ》だからだ。

ユキヒョウは、数《かず》が少《すく》ない動物《どうぶつ》だから、つかまえてはいけない。けれど、毛皮《けがわ》がとても高《たか》く売《う》れるので、地元《じもと》の遊《ゆう》牧民《ぼくみん》たちに密猟《みつりょう》される。その毛皮《けがわ》は、ヒマラヤで処理《しょり》され、インドのカシミール地方《ちほう》に密《みつ》輸入《ゆにゅう》される。そして、ほかの毛皮《けがわ》といっしょに、ヨーロッパや日本《にほん》に輸出《ゆしゅつ》されるのだ。

そのため、ユキヒョウは、一九六〇年代《ねんだい》には千頭《とう》までへったこともあった。けれど、その後《ご》は保護活動《ほごかつどう》が活発《かっぱつ》になって、約《やく》五千頭《とう》までふえてきた。いまは、ほかの大型《おおがた》ネコ類《るい》とおなじように、保護《ほご》の対《たい》象《しょう》になっている。

動物《どうぶつ》の毛皮《けがわ》を着《き》ることが、ほんとうにいいことか、よく考《かんが》えてみよう。

藪《やぶ》をつついて蛇《へび》をだす

やぶへび

つつかないでもよい藪《やぶ》をつついたら、大《だい》きらいなヘビがでてきてしまった。よけいなことをしたせいで、かえってひどいことになる、という意《い》味《み》だ。略《りゃく》して「やぶへび」ともいうよ。「しまった。あんなことをやって、やぶへびだったな」というように使《つか》う。

ヘビは、ニョロニョロと動《うご》くところが気味《きみ》がわるい。マムシのように、毒《どく》をもっているヘビもいる。それで、むかしから、おそろしいもの、いやなものとされてきた。

むかしの人《ひと》たちは、「ヘビを見《み》るとその日《ひ》はわるいことがおこる」とか、「旅行《りょこう》にでる前《まえ》にヘビを見《み》ると災難《さいなん》がおこる」、「歩《ある》く前《まえ》をヘビがよこぎるとわるいことがおこる」などといって、ヘビを見《み》ると縁《えん》起《ぎ》がわるいと考《かんが》えた。

むかしの人《ひと》は、山《やま》や草原《そうげん》に仕事《しごと》にいった時《とき》、ヘビにかまれないように、おまじないのことばをいった。新潟県《にいがたけん》では「ヘビもムカジ（ムカデ）もでて来《こ》んな。おれは鍛冶屋《かじや》のむすめだぞ、ホウチョウもカマももってるぞ」。群馬県《ぐんまけん》では「ヘービーもマムシもどうけどけ、おらぁ鍛冶屋《かじや》のむすこで、ヤリもカタナもといできたー」。青森県《あおもりけん》では、「ヘビぁでたがら（でたいのなら）でろ。おらぁこれでも鍛冶屋《かじや》のむすめだ。焼《や》きキリ焼《や》いてぶっとおすぞ」。鍛冶屋《かじや》というのは、鉄《てつ》などを火《ひ》にいれて熱《ねっ》してから、たたいたりして刃物《はもの》などをつくる人《ひと》のことだ。

幸運《こううん》をよぶヘビ

ヘビについては、わるいこととは反対《はんたい》に、よいこともいわれている。「ヘビの夢《ゆめ》を見《み》るとお金《かね》もちになる」、「ヘビの夢《ゆめ》を見《み》ると大金《たいきん》をひろう」、「ヘビの夢《ゆめ》を見《み》ると長生《ながい》きする」、「家《いえ》の敷地内《しきちない》にすむヘビは福《ふく》の神《かみ》」、「ヘビは家《いえ》の守《まも》り神《がみ》」、「ヘビが縁《えん》の下《した》にすむとお金《かね》がたまる」などといった。「ヘビにかまれると縁起《えんぎ》がいい」、「アオダイショウにかまれると家《いえ》がさかえる」ともいわれる。

インドのヒンドゥー教《きょう》では、ヘビは知恵《ちえ》の神様《かみさま》だ。日本《にほん》でも、弁天《べんてん》さまはヘビの女神《めがみ》としてうやまわれてきた。

また、ヘビを神様《かみさま》としてまつる神社《じんじゃ》が各地《かくち》にあった。それで、ヘビは幸運《こううん》をよぶもの、福《ふく》をもってくる使《つか》いと考《かんが》える人《ひと》も多《おお》かったんだ。

お金もちになりたいなんだくんがかまれたのは毒《どく》ヘビだったのだ
トホホ……

わざわざことわざ
ことわざ事典

さくいん

〔いきもの〕の巻《まき》

あ

犬《いぬ》も歩《ある》けば棒《ぼう》にあたる 4
井《い》の中《なか》の蛙《かわず》大海《たいかい》を知《し》らず 6
烏合《うごう》の衆《しゅう》 8
牛《うし》の歩《あゆ》みも千里《せんり》 10
鵜《う》の真似《まね》をする烏《からす》 26
鵜《う》の目《め》鷹《たか》の目《め》 12
馬《うま》の耳《みみ》に念仏《ねんぶつ》 14
おうむ返《がえ》し 26

か

飼《か》い犬《いぬ》に手《て》をかまれる 16
蛙《かえる》の面《つら》に水《みず》 14
鴨《かも》がねぎをしょってくる 18
烏《からす》の行水《ぎょうずい》 66
烏《からす》は神様《かみさま》のお使《つか》い 20
雉《きじ》も鳴《な》かずば打《う》たれまい 22
狐《きつね》につままれたよう 24
窮鼠《きゅうそ》猫《ねこ》をかむ 28
鯨《くじら》一頭《いっとう》とれば七浦《ななうら》にぎわう 30
犬猿《けんえん》の仲《なか》 14
虎穴《こけつ》に入《はい》らずんば虎子《こじ》を得《え》ず 32
虎視眈眈《こしたんたん》 41

さ

猿《さる》も木《き》から落《お》ちる 34
蛇《じゃ》の道《みち》は蛇《へび》 66
尻馬《しりうま》に乗《の》る 41

雀《すずめ》百《ひゃく》まで踊《おど》り忘《わす》れず 36

た

大山鳴動《たいざんめいどう》して鼠一匹《ねずみいっぴき》 54
蛇足《だそく》 40
蓼食《たでく》う虫《むし》も好《す》きずき 38
狸寝入《たぬきねい》り 27
猪突猛進《ちょとつもうしん》 41
鶴《つる》の一声《ひとこえ》 42
鳶《とび》に油揚《あぶらあ》げさらわれる 44
とらぬ狸《たぬき》の皮算用《かわざんよう》 46
虎《とら》の威《い》を借《か》る狐《きつね》 48
飛《と》んで火《ひ》に入《い》る夏《なつ》の虫《むし》 50

な

泣《な》きっ面《つら》に蜂《はち》 52
二兎《にと》を追《お》う者《もの》は一兎《いっと》も得《え》ず 56
猫《ねこ》に小判《こばん》 58
猫《ねこ》をかぶる 27
能《のう》ある鷹《たか》は爪《つめ》をかくす 60

は

はきだめに鶴《つる》 62
鳩《はと》に豆鉄砲《まめでっぽう》 64
張子《はりこ》の虎《とら》 67
一《ひと》つ穴《あな》のむじな 68
豹《ひょう》は死《し》んで皮《かわ》をのこす 70
袋《ふくろ》の鼠《ねずみ》 67
豚《ぶた》に真珠《しんじゅ》 54
蛇《へび》に見込《みこ》まれた蛙《かえる》 54

ま

や

藪《やぶ》をつついて蛇《へび》をだす 72
竜頭蛇尾《りゅうとうだび》 40

ら

わ

わざわざことわざ ことわざ事典

シリーズさくいん

❶～❹は、ことわざがのっている巻《かん》をあらわします。／1～72は、ページ番号《ばんごう》です。

例《れい》）❶4は、1巻《かん》［いきものの巻《まき》］の4ページにのっています。

あ

あいた口《くち》がふさがらぬ ❷4
青菜《あおな》に塩《しお》 ❷6
悪事千里《あくじせんり》を走《はし》る ❹26
頭《あたま》かくして尻《しり》かくさず ❷8
当《あ》たるも八卦《はっけ》当《あ》たらぬも八卦《はっけ》 ❹4
後《あと》の祭《まつ》り ❸4
後《あと》は野《の》となれ山《やま》となれ ❸40
あばたもえくぼ ❷10
油《あぶら》をしぼる ❸40
合《あ》わせる顔《かお》がない ❷12

い

異口同音《いくどうおん》 ❷54
石《いし》の上《うえ》にも三年《さんねん》 ❹14
石橋《いしばし》を叩《たた》いて渡《わた》る ❸6
以心伝心《いしんでんしん》 ❸15
急《いそ》がば回《まわ》れ ❸8
一《いち》か八《ばち》か ❹6
一日千秋《いちじつせんしゅう》 ❹55
一難《いちなん》去《さ》ってまた一難《いちなん》 ❹8
一富士二鷹三茄子《いちふじにたかさんなすび》 ❷26
一目置《いちもくお》く ❹15
一文《いちもん》惜《お》しみの百知《ひゃくし》らず ❹10
一《いち》を聞《き》いて十《じゅう》を知《し》る ❹12
一攫千金《いっかくせんきん》 ❹27
一挙両得《いっきょりょうとく》 ❹16
一刻千金《いっこくせんきん》 ❹18
一所懸命《いっしょけんめい》 ❹20
一心同体《いっしんどうたい》 ❹15
一寸《いっすん》の虫《むし》にも五分《ごぶ》の魂《たましい》 ❹22
一朝一夕《いっちょういっせき》 ❹40
一長一短《いっちょういったん》 ❹15
犬《いぬ》も歩《ある》けば棒《ぼう》にあたる ❶4
井《い》の中《なか》の蛙大海《かわずたいかい》を知《し》らず ❶6
芋《いも》を洗《あら》うよう ❷40
いわしの頭《あたま》も信心《しんじん》から ❷27

う

烏合《うごう》の衆《しゅう》 ❶8
牛《うし》の歩《あゆ》みも千里《せんり》 ❶10
後《うし》ろ髪《がみ》を引《ひ》かれる ❷16
嘘《うそ》から出《で》たまこと ❸10
嘘《うそ》を言《い》えば舌《した》を抜《ぬ》かれる ❷18
うちの米《こめ》の飯《めし》より となりの麦飯《むぎめし》 ❷20
うどの大木《たいぼく》 ❸12
鵜《う》の真似《まね》をする烏《からす》 ❶26
鵜《う》の目《め》鷹《たか》の目《め》 ❶12
馬《うま》の耳《みみ》に念仏《ねんぶつ》 ❶14
海千山千《うみせんやません》 ❹24
瓜《うり》のつるに茄子《なすび》はならぬ ❷22
瓜二《うりふた》つ ❷54
噂《うわさ》をすれば影《かげ》がさす ❸27
雲泥《うんでい》の差《さ》 ❸41

え

絵《え》に描《か》いた餅《もち》 ❷14

海老《えび》で鯛《たい》を釣《つ》る ❷24

お

おうむ返《がえ》し ❶26
傍目八目《おかめはちもく》 ❷55
奥歯《おくば》に物《もの》がはさまる ❷28
お茶《ちゃ》をにごす ❷40
同《おな》じ釜《かま》の飯《めし》を食《く》う ❷40
鬼《おに》の目《め》に涙《なみだ》 ❸16
帯《おび》に短《みじか》したすきに長《なが》し ❸41

か

飼《か》い犬《いぬ》に手《て》をかまれる ❶16
蛙《かえる》の子《こ》は蛙《かえる》 ❸18
蛙《かえる》の面《つら》に水《みず》 ❶14
顔《かお》から火《ひ》がでる ❷30
火中《かちゅう》の栗《くり》をひろう ❷14
壁《かべ》に耳《みみ》あり障子《しょうじ》に目《め》あり ❷32
果報《かほう》は寝《ね》て待《ま》て ❸67
亀《かめ》の甲《こう》より年《とし》の功《こう》 ❸20
鴨《かも》がねぎをしょってくる ❶18
烏《からす》の行水《ぎょうずい》 ❶66
烏《からす》は神様《かみさま》のお使《つか》い ❶20

き

危機一髪《ききいっぱつ》 ❹67
聞《き》くは一時《いっとき》の恥《はじ》
聞《き》かぬは一生《いっしょう》の恥《はじ》 ❹26
雉《きじ》も鳴《な》かずば打《う》たれまい ❶22
狐《きつね》につままれたよう ❶24
九死《きゅうし》に一生《いっしょう》を得《え》る ❹28
窮鼠《きゅうそ》猫《ねこ》をかむ ❶28
玉石混淆《ぎょくせきこんこう》 ❸54

く

腐《くさ》っても鯛《たい》 ❷14
鯨一頭《くじらいっとう》とれば七浦《ななうら》にぎわう ❶30
口八丁《くちはっちょう》手八丁《てはっちょう》 ❷34
口《くち》は禍《わざわい》の元《もと》 ❷36
九里《くり》よりうまい十三里《じゅうさんり》 ❷38

け

怪我《けが》の功名《こうみょう》 ❸22
犬猿《けんえん》の仲《なか》 ❶14

こ

紅一点《こういってん》 ❹54
弘法《こうぼう》にも筆《ふで》の誤《あやま》り ❸14
虎穴《こけつ》に入《はい》らずんば虎子《こじ》を得《え》ず ❶32
虎視眈眈《こしたんたん》 ❶41
五十歩百歩《ごじっぽひゃっぽ》 ❹30
ごまをする ❷67
五里霧中《ごりむちゅう》 ❹32
転《ころ》ばぬ先《さき》の杖《つえ》 ❸14
転《ころ》んでもただでは起《お》きぬ ❸24

さ

さばを読《よ》む ❷42
猿《さる》も木《き》から落《お》ちる ❶34
触《さわ》らぬ神《かみ》にたたりなし ❸28
三十六計《さんじゅうろっけい》逃《に》げるに如《し》かず ❹34
山椒《さんしょう》は小粒《こつぶ》でもぴりりと辛《から》い ❷26
三人寄《さんにんよ》れば文殊《もんじゅ》の知恵《ちえ》 ❹36

し

地獄《じごく》の沙汰《さた》も金次第《かねしだい》 ❸30
七転八倒《しちてんばっとう》 ❹66
四面楚歌《しめんそか》 ❹38
弱肉強食《じゃくにくきょうしょく》 ❷55
蛇《じゃ》の道《みち》は蛇《へび》 ❶66
十人十色《じゅうにんといろ》 ❹42

知《し》らぬが仏《ほとけ》 ❸14
尻馬《しりうま》に乗《の》る ❶41

す

頭寒足熱《ずかんそくねつ》 ❷55
雀百《すずめひゃく》まで踊《おど》り忘《わす》れず ❶36

せ

千里《せんり》の道《みち》も一歩《いっぽ》から ❹44
千慮《せんりょ》の一失《いっしつ》 ❹46

そ

た

大山鳴動《たいざんめいどう》して鼠一匹《ねずみいっぴき》 ❶54
蛇足《だそく》 ❶40
蓼食《たでく》う虫《むし》も好《す》きずき ❶38
棚《たな》からぼたもち ❷44
狸寝入《たぬきねい》り ❶27
食《た》べてすぐ寝《ね》ると牛《うし》になる ❸32
たらふく食《く》う ❷46

ち

朝三暮四《ちょうさんぼし》 ❹48
猪突猛進《ちょとつもうしん》 ❶41

つ

月《つき》とすっぽん ❸34
爪《つめ》に火《ひ》をともす ❸36
鶴《つる》の一声《ひとこえ》 ❶42
鶴《つる》は千年亀《せんねんかめ》は万年《まんねん》 ❹14

て

敵《てき》に塩《しお》をおくる ❷66
手前《てまえ》みそ ❷48
天高《てんたか》く馬肥《うまこ》ゆる秋《あき》 ❷27

と

灯台下暗《とうだいもとくら》し ❸38
豆腐《とうふ》にかすがい ❷50
時《とき》は金《かね》なり ❸41
鳶《とび》に油揚《あぶらあ》げさらわれる ❶44
とらぬ狸《たぬき》の皮算用《かわざんよう》 ❶46
虎《とら》の威《い》を借《か》る狐《きつね》 ❶48
どんぐりの背比《せいくら》べ ❸42
飛《と》んで火《ひ》に入《い》る夏《なつ》の虫《むし》 ❶50

な

泣《な》きっ面《つら》に蜂《はち》 ❶52
なくて七癖《ななくせ》 ❹50
七転《ななころ》び八起《やお》き ❹52
七度尋《ななたびたず》ねて人《ひと》を疑《うた》え ❹56

に

二度《にど》あることは三度《さんど》ある ❹66
二兎《にと》を追《お》う者《もの》は一兎《いっと》も得《え》ず ❶56
二人三脚《ににんさんきゃく》 ❹40
二《に》の足《あし》を踏《ふ》む ❹14

ぬ

盗人《ぬすびと》にも三分《さんぶ》の理《り》あり ❸44
濡《ぬ》れ手《て》で粟《あわ》 ❸54

ね

猫《ねこ》に小判《こばん》 ❶58
猫《ねこ》をかぶる ❶27

の

能《のう》ある鷹《たか》は爪《つめ》をかくす ❶60
喉元過《のどもとす》ぎれば熱《あつ》さ忘《わす》れる ❸46

は

はきだめに鶴《つる》 ❶62
箸《はし》にも棒《ぼう》にもかからぬ ❸48
八方《はっぽう》ふさがり ❹27
鳩《はと》に豆鉄砲《まめでっぽう》 ❶64
花《はな》より団子《だんご》 ❷66
歯《は》に衣《きぬ》きせぬ ❷52
腹八分目《はらはちぶんめ》に医者《いしゃ》いらず ❹54

張子《はりこ》の虎《とら》 ❶67
万事休《ばんじきゅう》す ❹58

ひ

ひげのちりをはらう ❷56
庇《ひさし》を貸《か》して 母屋《おもや》を取《と》られる ❸50
一《ひと》つ穴《あな》のむじな ❶68
人《ひと》の噂《うわさ》も七十五日《しちじゅうごにち》 ❹60
人《ひと》を見《み》たら泥棒《どろぼう》と思《おも》え ❸15
百聞《ひゃくぶん》は一見《いっけん》に如《し》かず ❹62
百鬼夜行《ひゃっきやこう》 ❹64
氷山《ひょうざん》の一角《いっかく》 ❹67
ひょうたんから駒《こま》が出《で》る ❸52
豹《ひょう》は死《し》んで皮《かわ》をのこす ❶70
貧乏暇《びんぼうひま》なし ❸56

ふ

笛吹《ふえふ》けど踊《おど》らず ❸58
袋《ふくろ》の鼠《ねずみ》 ❶67
不言実行《ふげんじっこう》 ❸26
武士《ぶし》に二言《にごん》はない ❹55
武士《ぶし》は食《く》わねど高楊枝《たかようじ》 ❸60
豚《ぶた》に真珠《しんじゅ》 ❶54

へ

へそで茶《ちゃ》をわかす ❷67
下手《へた》な鉄砲数打《てっぽうかずう》ちゃ当《あ》たる ❹15
蛇《へび》に見込《みこ》まれた蛙《かえる》 ❶54

ほ

坊主憎《ぼうずにく》けりゃ袈裟《けさ》まで憎《にく》い ❸62
仏《ほとけ》の顔《かお》も三度《さんど》 ❹68

ま

馬子《まご》にも衣装《いしょう》 ❸64
まめに暮《く》らす ❷58

み

ミイラ取《と》りがミイラになる ❸68
身《み》から出《で》たさび ❸27
三日坊主《みっかぼうず》 ❹70
三《み》つ子《ご》の魂百《たましいひゃく》まで ❹55
耳《みみ》にたこができる ❷60

む

め

目《め》からうろこが落《お》ちる ❷62
目《め》くそ鼻《はな》くそを笑《わら》う ❷64
目《め》の中《なか》に入《い》れても痛《いた》くない ❷68
目《め》は口《くち》ほどに物《もの》を言《い》う ❷70

も

元《もと》の木阿弥《もくあみ》 ❸70
物言《ものい》えば唇寒《くちびるさむ》し ❷72
桃栗三年柿八年《ももくりさんねんかきはちねん》 ❹72

や

焼《や》け石《いし》に水《みず》 ❸15
藪《やぶ》をつついて蛇《へび》をだす ❶72
病《やまい》は気《き》から ❸67

ゆ

油断大敵《ゆだんたいてき》 ❸66

よ

弱《よわ》り目《め》にたたり目《め》 ❸26

ら

来年《らいねん》のことを言《い》うと鬼《おに》が笑《わら》う ❸15
楽《らく》あれば苦《く》あり ❸66

り

竜頭蛇尾《りゅうとうだび》 ❶40

る

れ

ろ

わ

笑《わら》う門《かど》には福来《ふくきた》る ❸72

著者紹介

国松俊英（くにまつとしひで）

滋賀県に生まれる。同志社大学卒業。日本児童文学者協会会員。童話や児童小説のほか、ノンフィクションや知識の本も多く書いている。主な作品に、『おかしな金曜日』（偕成社）『スズメの大研究』（PHP研究所）『信長とまぼろしの安土城』（文渓堂）「どうぶつ感動ものがたり」シリーズ全10巻（ポプラ社）『ホタルがすきになった日』（佼成出版）などがある。

ホームページ「児童文学と野鳥のページ」
http://homepage2.nifty.com/kunimatsu/

たかいよしかず

明治製菓「マーブルわんちゃん」等のキャラクターデザイナー兼イラストレーターとして仕事をしながら、招き猫とダルマを合体させた世界一おめでたいキャラクター「ネコダルマンワールド」を展開。主な絵本作品に『うみべのくろくま』などの「くろくま」シリーズ（くもん出版）がある。また「怪談レストラン」シリーズ（童心社）のイラスト、デザインを手がけている。

ホームページ「ネコダルマンファンタスティックワールド」
http://www.nekodaruman.net/

わざわざことわざ　ことわざ事典　1 いきものの巻
発行　2009年11月27日　第１刷
発行　2017年11月30日　第７刷
国松俊英　文
たかいよしかず　絵
ブックデザイン　京田クリエーション

発行所：株式会社 童心社
〒112-0011　東京都文京区千石4-6-6
電話：03(5976)4181(代表)　03(5976)4402(編集)
印刷・製本：株式会社 光陽メディア

Printed in Japan　NDC.388　80P　21.5×15.3cm　ISBN978-4-494-01123-0
Published by DOSHINSHA　https://www.doshinsha.co.jp/